トナリの怪談

シークエンスはやとも

集英社文庫

contents

目次

本文デザイン／高橋健二（テラエンジン）

トナリの怪談

TONARI no KAIDAN

まえがき

皆さん、怪談話はお好きですか？　僕は大好きです！

抑揚のある語り口、実話に基づくからこその迫り来るリアリティ、そして全てが紐解《ひもと》かれることのない謎を残す終わり。ある種聞き手の想像に任せる部分が多いからこそ、他ジャンルの話とは違う魅力に溢《あふ》れているなと思います。

実際僕も自身のＹｏｕＴｕｂｅチャンネルにて怪談話を週に一～二回程アップしていますし、怪談のグランプリに自ら出場するほど怪談を話すのは大好きです。

まぁ霊が見えるからか、他の人より稀有な体験は多い方かもしれませんし、そんな話を人にしたくて仕方がないのかもしれません（笑）。

ですが、怪談話には話としての良さと共に限界があります。一人で語る以上、情景や登場人物全てを一人で表現しなければならないため、あまりに複雑に構成すると、聞き手の限界を超えてしまうことがあるのです。

『今誰が話してる？』『どういう状況でこうなったの？』などといった状態に陥りやすいのです。もちろん上手に長く聞かせることのできる語り手さんも沢山いますが、それでも限界があります。ですが、それが文字になり、物語になると、限界を超えることができるのです。

主人公（語り手）はいつどこでどんな状況にいるのか、周囲の人間はそれをどう捉えているのか、一体何がどのような恐怖として迫って来るのか、全てが明白に見えてくるのです。

今回この本では今まで僕が体験し、語ってきた怪談話がより明白に赤裸々に綴《つづ》られているでしょう。

物語だからこそ体験できる当時の僕と同じ視点。一度はどこかで聞いたことのある話でも、全く違う見え方がするかもしれません。僕の人生を通じてそんな体験ができるのは、この本を手に取ってくれたあなただけです。

振り返れば今もそこにある恐怖を、是非最後までお楽しみください。

不動産屋の内見

皆様、こんばんは。シークエンスはやともです。幼い頃から幽霊が見え、共に生きてきました。テレビやＹｏｕＴｕｂｅでは「霊視芸人」として活動しています。

生き霊、死霊問わず、様々な体験をしてきましたので、その中でいくつか、面白いエピソードをお話しさせてもらいますね。

恐怖体験も、ほっこり体験も、少し謎めいた体験も……全て自分や知人が実際に体験した話です。ド派手な除霊対決や凄惨な事件につながるものばかりではありませんが、だからこそ皆様にも身近に感じてもらえる気がしています。

今、あなたの隣にいる方、足はあるし、喋《しゃべ》るし、おしゃれな服を着ているし……でも、幽霊かもしれませんよ？

実は私、二〇一六年の四月に実家が全焼したんです。

被害者が出てしまうほどの惨事だったのですが、今回はそこから派生した話……急《きゅう》遽《きょ》、住む家を探すことになった時の話をさせていただきます。

当時は僕も実家で暮らしていたため、突然の火事で両親と三人そろって、住む場所に困る事態になりました。

とにかく早く、新たに住む家を探さないといけない。緊急事態なので、あれこれ条件をつけることもできない。

三人とも、そこは考えが一致していました。何しろ家を見つけるまでは車内で生活しなければならないほど切羽詰まっていたわけですから。

火事があった翌日にはもう、僕たちは不動産屋さんに向かいました。

落ち着いた雰囲気の店内で女性の担当者の方に、こちらが希望する条件を伝えます。

その時、一番重視したのはやはり金額面です。

実家が全焼してしまったので、あまり贅沢《ぜいたく》はできません。敷金、礼金がなくて、できるだけ家賃が安くて、今すぐにでも入居できる物件を紹介してほしいとお願いしました。

敷金や礼金がゼロの物件はいくつかあったのですが、やはり「今すぐ入居できる、家賃が安い物件」という部分がネックでした。

まあ、そうですよね。条件のいい物件は誰もが住みたがりますし、快適ならできるだけ転居しないですから。

――ここは駅チカで、築年数も新しいですよ。家賃は少々お高めですが。

――ここはちょうど昨日、空きが出たのですが、即日他の方が入居を決めてしまいましたね。

——ここはずっと空いているのですが、両隣の部屋の方とトラブルが絶えなくて……。

不動産屋さんも一生懸命探してくれるのですが、なかなか見つかりません。

……これもダメ、ここも厳しい。

そうやって探していく中で困り切った不動産屋さんが、あの、と言いにくそうに切り出しました。

「一件、お客様の条件に合致する物件はあるのですが……」

2DKで敷金、礼金なし、築年数は十年と少しで、そんなに古いわけでもない。木造ではなく、鉄骨の二階建てアパートで、家賃は同じ条件の物件の三分の一以下……。なんていい条件なんだ、と思いました。まさに自分たちが探している物件そのものじゃないか、と。

「ただ……」

不動産屋さんは少しこちらの様子をうかがうような顔で続けました。

「特記事項があるんです」

特記事項。

生活するのが難しいほどの騒音や、危険な薬物を扱う工場が近くにある場合も含まれますが、多くの場合、それは「事故物件」のことを指します。

その部屋で人が亡くなった場合、どんなにきれいに清掃したとしても次に入居する人はちょっとためらってしまう……そういう物件です。

紹介してくれた部屋について詳しい話は聞かなかったのですが、どうやらそこも過去に何かがあったようでした。

そうなると、普通の人はやっぱりためらうと思います。誰だって、快適に暮らすための家の中で怖い思いはしたくないですから。

とはいえ僕も、僕の親父《おやじ》もかなり霊感が強いほうです。心霊現象には耐性があるし、ある程度なら冷静に受け止めることができるだろう……。そういう考えで一致し、まずは契約前に内見させてもらうことにしました。

「わかりました。でしたら今からご案内します。車を回しますので、どうぞ、こちらへ」

不動産屋さんは少し心配そうな顔をしつつも、そう提案してくれました。

せっかくなので、他の候補物件もいくつか見繕ってもらい、僕たち親子は不動産屋さんの運転する車に乗って、入居希望の物件に移動しました。

まず、一番気になっていた事故物件へと向かいます。

駅から徒歩十五分ほどの場所にある、閑静な住宅地でした。

そう遠くない場所にスーパーとコンビニがあり、商店街には魚屋さんや八百屋さんもある。

近くに小学校があるのか、午後の時間帯にはランドセルを背負った子供たちが駆け回っていて、きゃあきゃあと軽やかなはしゃぎ声が聞こえていました。

「すみません、ここは駐車場がないので、近くのコインパーキングに車を停《と》めてきます」

僕たちを物件の前で降ろし、不動産屋さんが言いました。

「鍵をお渡ししますので、先に内見していてください」

「はい、わかりました」

三人分のスリッパと鍵を渡され、僕たちは不動産屋さんの言うとおり、先に室内に入ることにしました。

該当する部屋は二階です。

ガチャリ。

「……おお」

ドアを開けた瞬間、思わずそんな声がこぼれました。

恐怖ではありません。僕が考えていたよりも、ずっといい場所だったからです。

部屋は事前に間取り図で見たとおり、ゆったりとした２ＤＫでした。

がらんとした室内は定期的に掃除されているのか、埃《ほこり》やカビのにおいもせず、壁はきれいなクリーム色で、汚れもありません。

大きな窓からはさんさんと午後の日差しが降り注ぎ、窓を開けると、すがすがしい風が吹き込んできました。ベランダに出ると、のどかな住宅街が一望でき、僕は思わず「わあ」と笑顔になりました。

「いいところじゃない！」

母も弾んだ声を上げます。

「うん、いいね。こんなにいいところが見つかるなんて、運がよかったね」

「みんな、事故物件というだけで嫌がってたのね、きっと。もったいないわね」

二人でにこやかに話しながら、僕は親父を探しました。

この時、親父は僕たちのいたダイニングではなく、キッチンの方にいて、ゆっくりとあちこちを見回していました。

「ここ、いいところだよね」

同意を得るつもりで僕が声をかけると、親父はなぜか、形容しがたい顔で振り返りました。

「うーん」

しかめ面というよりは、困惑しているような、何かに迷っているような……切羽詰まっているわけではないけれど、すっきりしないような、いろんな感情が入り交じった顔です。

「そうでもない？」

「ううーん……」

「えー、いいと思うけどな」

どんなに言っても、親父は煮え切らない返事をするばかりです。僕は少し、感動に水を差されたような気持ちになりつつ、何か気になることがあるのか聞こうとしました。

……と、その時でした。

「お待たせしました！」

玄関の方で、はつらつとした声がしました。

不動産屋さんです。車は無事、駐車場に停められたようで、彼女はニコニコ笑いながら、部屋に入ってきました。

「ここ、いいですよね」

「ええ、そうですね」

キッチンからダイニングの方へ戻り、僕は不動産屋さんを迎えました。

僕が好意的な返事をしたからか、不動産屋さんは今にも小躍りしそうなほどはしゃいでいました。こんなに親身になってくれるなんて、いい人です。

「ここ、すごく内装もきれいで、日当たりもよくて、お家賃もものすごく安いんですよ」

「それ、僕たちも思いました」

「ああ、やっぱり！　本当に素晴らしいですよね。私も常々、ここは本当にいい、間違いない、素晴らしいって思ってるんです」

「……？」

そこで僕はやっと違和感を覚えました。

確かにこの物件はとてもいい。事故物件とはいえ、特に不気味な雰囲気もないし、室内は明るいし。

でも……そこまで絶賛されると、少し戸惑ってしまいます。

「ここ以上の物件なんてどこにもありませんよ。もう、ここに決めません？」

「えっ、いや、さすがにまだ一軒目なので、もうちょっと他も見たいと……」

「でもこの物件、早く押さえたほうがいいですよ。大人気なんですから。もうここにしましょう。ここに決めたほうが絶対いいと思いますよ」

ぐいぐいと。

本当にいきなり、ぐいぐいとこられて、僕はますますうろたえました。

不動産屋さんは口元ににこやかな笑みを浮かべたまま、瞬《まばた》きもせずに僕のことを見上げてきます。

その眼球がなんだか小刻みに、カタカタカタカタッと動いているように見えて、僕は内心、ひやりとしました。

「いや、やっぱりもう何軒か、見てから決めたいなあと」

僕が一歩下がると、不動産屋さんは一歩前へ近づいてきます。

僕が下がると、また前へ。

……一歩、二歩、三歩。

僕が下がった分だけ、不動産屋さんは距離を詰めてきました。

「何でですか。絶対ここがいいですって。ここに決めましょう」

「えっと……色々見てから、ここに戻ってくる可能性もありますし、いったん次の物件に……」

「ダメダメ。ダメです、もうダメ。ここにしましょう」

「いや、あの」

「ここにしましょう、それしかないですよ、あなたはぜったいここがいいですよ、ここしかありませんよ、ここにきめないと、はやく。はやくはやくはやくはやくはやくきめて」

どん、と背中が硬いものにぶつかって、僕は後ろが壁だと気づきました。いつの間にか壁際まで追い詰められていたようでした。

なぜか、よくわからないのですが、妙に部屋の中が暗くなった気がしました。さっきまであんなに明るかったのに。

「ねえ」

「……っ」

突然、不動産屋さんが僕の片手をバッと両手でつかんできました。拳全てを両手で包み込むように、しっかりと。

そしてやっぱり瞬きもせず、僕を見上げて、ニマーッと唇と目を三日月形にして笑いました。

「ここに決めて、今日から私とここで暮らしましょう？」

「え……っ」

思わず僕は絶句しました。

ぞわりと背筋に奇妙な感覚が走り、腕にぶわっと鳥肌が立ちます。

……これに応えてはいけない。

直感的にそう思いました。

肯定も否定も、多分どちらもよくないことになる。

「…………」

一瞬のようにも、ずいぶん長いようにも思える時間が経《た》ちました。

その間、不動産屋さんはずっとニマニマと笑っていて、ねえ、ねえ、と僕を促してきます。

その手が僕の拳から手首に移動し、ゆっくりと二の腕をつかんできて、さすがにこれはもうダメだ、今すぐ逃げないと、と思った瞬間でした。

「すみません、お待たせしました！」

「……っ！」

焦ったような声が玄関の方から聞こえ、僕はハッと我に返りました。

顔を上げると、なぜか不動産屋さんが部屋に入ってくるところでした。

「すみません、駐車場が空いてなくて、少し先まで停めにいっていたものですから」

「え……？」

今まで、僕と会話をしていた不動産屋さんは？　と混乱しながら目を戻すと、僕の手を握っていたはずの不動産屋さんは影も形もなく消えていました。

手を握られた感触や、不動産屋さんの声はしっかり覚えているのに。

「な？　やめたほうがいいだろう？」

その時、キッチンの方から親父が戻ってきて、そう言いました。

そこでようやく僕は気がつきました。

暖かな光が差し込む、きれいで快適だと思っていたこの物件……。こんなにいい部屋はどこにもないと思っていたのに、改めて見てみると、室内は明かりをつけているのにどこかどんよりと薄暗く、ジメジメしていてカビ臭いにおいが漂っていました。

壁紙は湿気を吸ってよれていて、窓の桟には埃がたまり、窓も曇りガラスのように汚れていました。

……なぜこんなところを母と二人して、最高の場所だと思ったのだろう。

困惑する僕と母を見ながら、親父だけは落ち着いていました。彼には最初から、この部屋がカビ臭く、薄暗くて陰気な場所に見えていたのかもしれません。

僕は親父にうなずきつつ、本物の不動産屋さんに言いました。

「他のところも検討したいので、次の物件を見せてください」

「そうですか、わかりました」

この不動産屋さんは食い下がることもなく、あっさりうなずくと、僕たちを伴って部屋を出ました。

ガチャリ。

ドアに鍵がかかります。

そのまま外に出て、僕はホッと息をつきました。

車を停めてあるという駐車場の方に促され、三人で歩き出した時でした。

親父が静かに言いました。

「見てみろ」

顔はしっかりと前を向いていましたが、何のことを言われたのかはすぐにわかりました。

そっと目だけを動かして、今、出てきたばかりの部屋の方を見上げました。

……そのベランダで、全く見たことのない女性がこちらに向かって手を振っていました。

バイバイ、の意味だったのか、戻ってきてね、の意味だったのか……。

結局僕たちは他の部屋を契約し、そちらに住むことに決めました。

あの時の物件がどうなったのか、僕にもわからないままです。

今でもまだ、次の入居者を待っているのか、すでに新しい入居者を迎え入れているのか……。

もし入居者がいたら、その人にとって、そこはものすごく快適な場所かもしれません。

遊びに来る家族や友人は顔をしかめるのに、本人だけは素晴らしい部屋に住んでいると大満足しているような……。

事故物件だと聞かされていたのに、入った瞬間、素晴らしいと思ってしまうような物件には、もしかしたら何か、「誰か」の意思が働いているのかもしれませんね。

毎日見る夢

夢って面白いですよね。荒唐無稽な夢もあれば、現実とまるで変わらない夢もある。見ている途中で「あ、コレは夢だな」って自覚する夢もあれば、どう考えてもおかしいのに、夢の中の自分は大真面目に怒ったり、泣いたり、笑ったりしている夢もある。

今回は僕が大学生の時に見た夢の話をさせてもらいます。

＊＊＊

当時、僕は結構真面目な「学生」をしていました。三年生まできちんと単位を取っていたこともあって、大学四年に上がる頃にはもう、ほとんど学校に行かなくてもよくなっていたんです。

週一回のゼミと、いくつかの講義。時には一コマだけ講義を受けたら帰宅する……。

そんな日もありました。

大学一年の時は毎日会っていた友人たちとも学校で会うことは少なくなり、たまたま廊下ですれ違っては、「よう、そっちは今日、何？」「〇〇先生の××学」「あー、それ取ったのかー」なんて会話をする程度になっていました。

そんなある日、僕は変な夢を見ました。

夢の中で僕はどこかの住宅街を歩いています。真っ赤な夕焼けの中、一人でテクテクと。

隣には誰もおらず、すれ違う人もいません。辺りは静かで、時々空を飛ぶカラスか何かのバサッという羽音だけが響くような……そんな夕暮れ時でした。

道路には自分や電信柱、家々の影が長く伸びていて、まるで自分一人だけ、縮尺がおかしな国に迷い込んだ気になりながら、僕はただ歩いていました。

三輪車が置いてある一戸建ての家の前をすぎました。

淡く明かりがともる自動販売機の前をすぎました。

電信柱の前をすぎ、ひもでくくられた段ボールが置かれている路地をすぎ……二階建てのアパートに着きます。

少しさびた外階段を、カンカンと音を立てて上り、風に乗って舞い込んできた木の葉を踏みながら、僕は廊下を歩いていく。

吹きさらしの廊下には外灯が設置されていましたが、中の電球は切れていて、周囲はやっぱり赤黒い夕焼けに包まれていました。

アパートの二階には部屋が五つ。

横並びに四つと、突き当たりに一つです。

２０１、２０２、２０３……一つずつ通りすぎ、僕は２０４号室の前に立ちました。鞄《かばん》から鍵を取り出し、鍵を開けてドアノブをひねります。
「ただいまー」

夢の中で、僕は家に入りながらそう言います。

「お帰りー」

たたきからすぐの廊下に、女の子が一人、立っていました。

さらさらの黒髪を肩の辺りで切りそろえた、小柄な女の子です。白いきれいな肌をしていて、大きな丸眼鏡をかけていて、おっとりとした雰囲気の、かわいらしい人でした。

彼女は僕を見上げて、眼鏡の奥で大きな目を細め、ニコッと笑ってくれました。

「………」

彼女が続けて何かを言おうとし……そこで僕は夢から覚めました。

その女の子が誰なのか、僕は全然知りません。名前も顔も。

さらに言えば、僕が帰っていった家もまた、全く知らない家でした。

夢の中で自分が、全く知らない道を通り、全く知らない家に帰り、全く知らない「誰か」に迎えられ、「ただいま」と言う。

奇妙な夢です。

……ただ途方もないほどおかしすぎる、とは思いませんでした。

怪獣が大暴れしたり、殺人鬼に追いかけ回されたり、もしくはメジャーリーガーになっていたりする夢に比べたら、普通すぎると言えるでしょう。

当時の僕もあまり気にとめず、その夢のことはすぐに忘れてしまいました。

翌日は受講している授業もなかったので、午前中にバイトに行って、昼食を食べて、また別のバイトに行って。

家に帰ってきて、夕食を食べて、少しだらだらして、風呂に入って……いつもと同じようにぐっすりと眠りました。

……その日、僕はまた夢を見ました。

昨日と同じ、赤黒い夕焼けの中、一人で歩いていく夢です。

辺りの景色も同じで、向かう先もそっくり同じ。

「ただいまー」

ドアを開け家に入りながら言いました。

「お帰りー」

出迎えてくれた女の子がそう返します。そして手を伸ばし、僕から鞄を受け取りました。

「今日は会社、どうだった？」

「いつもどおりだったよ」

僕の口が勝手に動き、そんなことを言いました。

この時初めて、僕は自分がスーツを着ていたことに気づきます。

大学生の当時、サラリーマンが着るようなスーツなんて実際には持っていないのに。

「………」

そこで夢から覚めました。

起きた時、手足の先が少し冷たくなっていました。きちんと布団をかぶって寝ていたのに。

アレは……。

今の夢は一体何だったのだろう？

いくら考えても、全くわかりません。

多分、昨日の夢が頭の片隅に引っかかっていて、今日はその続きのような夢を見てしまっただけだ。だってそれ以外、納得のいく理由がないし。

必死で自分にそう言い聞かせました。

そう言い聞かせる以外にできることがなかったのです。

迷子の時に感じるような、途方に暮れた心細さを振り払うのが精一杯でした。

ですがそれから先、僕は毎日同じ夢を見ることになったのです。

三日目の夜、僕は相変わらず夕焼けの中を見知らぬ家に帰ります。見知らぬ女の子が出迎え、僕に向かって笑顔を向けます。

「ただいまー」

「お帰りー。今日は会社、どうだった?」

「いつもどおりだったよ」

四日目。

「ただいまー」

「お帰りー。今日は会社、どうだった?」

「いつもどおりだったよ」

「そっかー。じゃ、お風呂にする?」

「うん、入ろうかな」

五日目。

「ただいまー」

「お帰りー。今日は会社、どうだった?」

「いつもどおりだったよ」

「そっかー。じゃ、お風呂にする？」

「うん、入ろうかな。……そうだ、今日のご飯、何？」

「ハンバーグ！」

……一日ごとに、少しずつ会話をする時間が長くなっていきます。一言、二言会話をするだけだったのがちゃんとしたやりとりになっていく。

毎日、毎日、少しずつ長くなる夢。

見知らぬ家に帰り、全く知らない女の子と、恋人か夫婦のようなやりとりを交わし、笑い、食事をし……。

そんな時間がぐんぐん長くなっていって、僕はもう、自分が起きているのか、寝ているのかがわからなくなってきました。

起きている時は自分の生活があるし、眠ってしまえばその「奇妙な夢」の中で、妙にリアルな生活が始まってしまう。

昼も夜もずっと動き回っていて、全然疲れが取れなくて、常にぼんやりしていて。

今は何日？　何時？　昼？　夜？

今、僕が見ているのは現実の光景？　それとも夢の中の出来事？

聞こえている音は現実？　夢？　匂いは？　痛みは？

もう何が何だかわかりません。

日付の感覚も曜日の感覚も曖昧《あいまい》になって……それでもゼミやバイトがある日は這《は》うようにして外に出ました。

多分、僕は必死だったのでしょう。このまま家にいて、寝るか起きるか、だけの生活を送っていたら、いつかこの現実と夢の世界が逆転して、向こうが僕の人生になってしまうような……そんな言い知れない恐怖が頭の片隅で渦巻いていて、僕はなんとかしてそれを回避しようとしていました。

そんな生活がしばらく続きました。

そして、その奇妙な夢を見始めてから一ヶ月ほど経《た》った頃、あることが起きたんです。

その日は講義がある日でした。

僕は寝不足でふらふらになりながらも、気力を振り絞って大学に向かいました。

昼間の刺すような日差しはまるで木漏れ日のように曖昧で、すれ違う学生たちの動きもどこかスローモーションのようにゆっくり見えて……。

そんな曖昧な感覚の中で、ぼんやりしながら講堂に入り、ぼんやりしたまま講義を受けます。

教授の声は何枚もの薄い布越しに聞こえてくるように聞き取りづらくて、まるで水の中から地上の声を聞いているような感覚でした。

そんな時、ゼミの同級生が声をかけてきたんです。

「ハヤトモくん」

「……うん？」

どうやら僕がぼんやりしている間に、講義は終わっていたようでした。

講堂にはもうほとんど誰も残っていなくて、しんと静まりかえっていました。

そんな中、同級生は僕に用事があるようでした。

彼女はやつれた僕のことを少し心配そうに見たものの、それには特に触れませんでした。気軽に触れられないほど、ひどい顔をしていたのかもしれません。

迷うそぶりを見せたものの、結局彼女は、あのね、と言葉を続けました。

「実は前々から、ハヤトモくんに紹介したい女の子がいて」

「紹、介？」

「でも、ちょっとその子、自分からは話しかける勇気がないって言ってて」

「……ああ」

彼女が、紹介したい女の子。

でもその同級生の様子から、多分これは彼女が紹介したいんじゃなくて、その「誰か」が紹介してほしいと彼女に頼んだのかな、という印象を受けました。

自分からガツガツとアピールしていると思われたくない「友人」の奥ゆかしさを察して、僕の同級生は「私が紹介したい」と言ったような……そんな感じがしたんです。

「今日、連れてきてるから、よかったら紹介してもいい？」

そう言われて、僕はこんな時だというのに、ちょっと舞い上がってしまいました。

……僕に興味を持ってくれた子が、会いたがっている。

そんなことを言われたら、やっぱりかなりうれしいものです。一瞬、不眠症気味でふらふらなことも忘れて、僕は思わずうなずきました。

「ああ、いいよ、いいよ。もちろん。紹介して、お願い」

「あはは、よかった。……じゃあ、おいで～」

ゼミの同級生が後ろを向き、誰かに手招きをしました。

開けっぱなしの講堂の出入り口に細い指がかかりました。

「……？」

アレ？ と一瞬僕は奇妙な感覚に陥りました。

白くて、細くて、小さな指。全く見覚えがないのに、なぜか知っているような……。

「……こんにちは」

続けて、ひょこっと顔を見せた彼女を見た瞬間、僕は思わず声を上げそうになりました。

……あの子です。

この一ヶ月、毎晩毎晩、僕の夢に出てくる女の子。

いや、夢に出てくる、なんて軽い話じゃない。夢の中で、僕と生活している女の子です。

さらさらの黒髪も、大きな丸眼鏡も白い肌も、全部が全部、夢のとおりでした。

とはいえ、僕は驚いたものの、恐怖を感じたりはしませんでした。

普通の人より少し霊感があったから、でしょうか。人が人に向ける「想《おも》い」を勝手に受信してしまうようなことは今までにも何度かありました。

ですので、この時も、今、講堂に来てくれた子が密《ひそ》かに僕に好意を抱いてくれていて、僕が勝手にその想いをキャッチしてしまったのかな、なんて思ったわけです。

秘めていた想いを勝手に相手に知られていたら、その子はとても恥ずかしいかもしれません。

……これは黙っていよう。

そう考えて、僕は素知らぬふりで、歩いてくる彼女を待ちました。

「……はじめまして」

僕の前に立って、その子は小さな声で言いました。

少し気恥ずかしそうな、それでも精一杯勇気を振り絞ったような声。

この一ヶ月、毎日夢で聞いていたのと同じ声でした。

でもそんなことはおくびにも出さず、僕はちゃんと初対面の相手として、彼女にきちんと向き合いました。

「こんにちは。同じ授業を取ったことは、ないですよね?」

「……は、はい、それは一つも。あの、えっと私」

「あ……あはは、やっぱり緊張、しますよね。僕も……えっと、あ、そうだ。まず自己紹介しなきゃ。初めまして。ハヤトモって言います」

お互いしどろもどろになりながら、僕はまだ自分が名乗っていないことを思い出して、慌てて言いました。

まあ、こっちに興味を持ってくれていたなら、名前くらいは知っているかもしれませんが、そこは礼儀として、やっぱり。

……でもその時、女の子が小さく肩を震わせ始めたんです。

「……どうしたの?」

「ふふ」

彼女は肩を震わせて笑っていました。

なんだかとてもおかしそうに、くすくすと。

そしておもむろに、ガバッと顔を上げて、僕の目をじっと見つめました。

「だって、『初めまして』じゃないはずですよね」

「……っ‼」

その瞬間、さすがに僕も、うわって思いました。

――この子は、あの夢を知っている。

そして知っていて、現実世界で僕にコンタクトを取ってきた。

ああ、コレはやばい。よくないやつだ。何が何だかよくわからないけど、とにかくちょっとまずいやつだ。

そんな風に焦りと恐怖がぶわっと一瞬で頭の中を駆け巡りました。

でも、感覚的に「やばい」ことがわかっても、僕にはどうすることもできません。僕は人よりも少し「そういうもの」を感じるだけで、除霊やらお祓《はら》いやら、そういった類いのことは何もできないのですから。

「ごめん。今日はバイトだから、えっとこの後ちょっと空いてないんだけど。あ、また今度ご飯とか行こう」

しどろもどろにそんなことを言って、とにかく僕は逃げるようにその場を後にしました。

その子は怒るでもなく、悲しむでもなく、「はい」と言うだけで、僕を見送ってくれました。

でもやっぱり、その日の夜も彼女の夢を見たんです。

「ただいまー」

「お帰りー」

夢の中で、僕は彼女の待つ家に帰ります。彼女は僕を出迎えます。

夢の中で僕は彼女と一緒に暮らしていることに何の違和感も持っていなくて、当たり前のように会話をしていて。

でもそれは僕というより、なんだか僕の形をした、人形のようなものでした。

僕の意思とは無関係に、僕は笑い、動き、彼女と会話をするのです。

「このハンバーグ、すごくおいしい」

「よかった。いっぱい練習したんだ。たくさん食べてね」

「ありがとう。……あ、手が止まってるよ。早く食べないと」

「君が食べてるところ、見てるのが好きなの」

「はは、なに、それ」

「ふふふ、だっておいしそうに食べてくれるから。大好き」

「俺も」

微笑《ほほえ》む「彼女」に、僕ははにかんだように返します。俺、という親しい友人やそれ以上の人と話す時にしか使わない一人称を使い、彼女への好意を口にします。

……知らないのに。

彼女のことなんて、何一つ。

全然、さっぱり、まるで知らないはずなのに。

さすがに僕も、これはもう無理だと思いました。

翌週、ゼミのある日に僕は「彼女」を紹介してくれた同級生を呼び止め、正直に打ち明けることにしました。

「ごめん、実は俺、一ヶ月以上、こういう夢を見続けてて」

信じてもらえるかはわかりませんでしたが、僕としてはもう必死でした。

「いや、俺の勘違いだとは思うんだけど、なんかこう……ちょっと限界で。変なことを聞くけど、あの子のことで何か、そういう噂《うわさ》とか……聞いてない、よね？」

「ごめん！」

「……え？」

突然頭を下げられ、僕はきょとんとしました。

ゼミの同級生はものすごく申し訳なさそうな、それでいて困惑した顔をしていました。話すかどうか迷ったようでしたが、やがて彼女は言いにくそうに、実は、と切り出しました。

「あの子、結構かわいいでしょ? 当然、前にも付き合っていた人がいて……。この学校でも一人、付き合っていた彼氏がいたの」

「そうだったんだ」

「彼の方からあの子に告白して、付き合いだして、最初はすごく仲がよかったの。あの子、尽くすタイプだから、彼氏の家に行って、洗濯とか料理とかもして、半同棲《はんどうせい》みたいになってたな。彼氏の方も最初は喜んでて、私と会ってものろけてばっかり。……でも、半年くらいして、彼がちょっと変なことを言い出して」

「変なこと?」

「夢を見るんだ、って」

「………」

彼女は困ったような、少し気味が悪いような複雑な顔をしながら、自分の二の腕をさすりました。

「あの子が四六時中べったりしてくるのが少しうっとうしく感じるようになってきて、小さな喧嘩《けんか》や言い争いが増えるようになった頃だったかな。『夜はちゃんと家に帰って、昼間に会おう』って言ったんだって。その時は彼女も大人しく、『わかった』ってうなずいたらしいんだけど、それから毎日、あの子が夢に出てくるようになったんだって」

「それって……」

「別に変な夢じゃないって言ってた。ごくごく普通の日常の夢。……でも、夢の中の自分がおかしいんだって。あの子の作った料理を喜んで食べて、あの子が洗濯して、たたんでくれたパジャマを着て、いつもありがとう、愛してるよって言いながら髪を撫《な》でる、とか……。そういうこと、誰にも一度もしたことないのに、夢の中でその彼は毎日、そういうことをするんだって。なんだか自分が操り人形になったみたいだって怯《おび》えてた。毎日、その夢ばっかり見て、寝た気がしないんだって」

「…………」

「確かにその頃の彼、目の下にすごいクマができてた。でも私は……なんて言うか、申し訳ないんだけど、あり得ないなって思っちゃって。あの子と別れたいから、そういう不気味な話をでっち上げて、あの子の評判を落とそうとしてるように感じたんだよね。それで、別れるなら勝手にすればいいと思って、彼の味方はしなかった。実際、二人はそれから少しして別れたからまあ普通に性格の不一致で、よくあることだと思ってたんだけど……」

「俺で、二人目」

同級生は青ざめた顔でうなずき、少し考え込んでいたものの、やがて何かを決意したように重いため息をつきました。

「ごめん、わかった。何をやってるか、私にはわからないけど、やめときなって言っとく。それ、いいことじゃないと思うから」

「ありがとう」

彼女が帰っていくのを見送りながら、僕はホッと息をつきました。

……それ以来、その子の夢は見ていません。

まるで「同じ夢を見続けていた一ヶ月」そのものが夢だったように、一度も見なくなりました。

元々大学に行くこと自体が少なかったこともあり、その子自身とも会っていません。

結局アレは何だったのか、彼女が何をしていたのか、それとも何もしていなかったのか……。彼女とは「初めまして」の挨拶をしたきり話していないので、事の真相も謎のままです。

ただ、彼女は間違いなく普通の人間で、普通に大学に通い、恋人を作ったり、友人と遊んだりする女の子でした。

噂では今、東京都内のどこかの会社に就職し、働いているとか。
あなたの職場にいる女の子……もしかしたら、その子かもしれませんね。

仕組まれた殺意

人を好きになる気持ちというのはとても素敵ですよね。理屈ではなく、理性で止めたり膨らませたりできるものでもない……。

でもその大前提が崩れることがあったら、どうでしょう。今日は僕の知り合いが実際に体験した不気味な出来事についてお話しさせてもらいます。

＊　＊　＊

……まったく最近本当についてない。

五十人ほどでぎゅうぎゅうになってしまう小さなライブハウスの控え室で、陣内《じんない》は大きく肩を落とした。

つい先日、グループ内で一番人気のあったギタリストが他のグループに引き抜かれて脱退した。彼がいた頃はこんな小さな「ハコ」は一瞬で埋まり、歓声が飛び交っていたものだ。終わった後も彼目当ての女性ファンが出待ちで列を作り、プレゼントを渡していった。

いずれ百人は入れるライブハウスで演奏しよう。その次は二百、そして五百……。コツコツ頑張っていけば、いつかはきっとメジャーデビューして全国ツアーをすることさえ不可能ではないはずだ。

メンバー全員がそんな思いを抱いていた。今、ベースの陣内についているファンはほとんどいないが、それもきっと一時的なものだ。これからファンの総数が増えれば、こちらを気にしてくれる人も出てくるだろう。中にはかわいい女の子もいるかもしれない。毎回プレゼントを用意してくれて、感想のファンレターなんかもくれたりして、こっちが声をかけたら、すごく喜んでくれて、もしかしたらもっと親しくなれたりもして。

いや、一般人の女の子だけとは限らない。メジャーデビューして楽曲がチャートインして、テレビの歌番組に頻繁《ひんぱん》に呼ばれるようになれば、そこでアイドルの女の子たちと知り合うこともできるだろう。

普通に生活していたら、笑いかけてもらうためにお金を払わないといけないような子たちが向こうから近づいてきてくれるかもしれない。何を話しても楽しそうに笑ってくれて、すごいすごいと褒めてくれて。

その頃にはこっちもすごく金を持っているだろうから、高級な食事をおごることもできるはずだ。そうしたら、きっともっと喜んでくれて、うまくしたらこっちに好意を寄せてくれるようになるかも……。

そんな不純な未来を夢想していたのがいけなかったのだろうか。ギタリストが脱退した瞬間、客足がパタッと途絶えた現状が理解できない。

今日だってそうだ。ワンマンライブではなく、対バン形式だったが、陣内たちの前のバンドが演奏を終えた瞬間、過半数の客がごそっとライブハウスを出ていった。

それに気づかず、「盛り上がってるかァ〜！」と吠《ほ》えつつステージに飛び出した陣内たちを待っていたのは二十人弱の観客のみで、しかもその半数は明らかにこちらに興味がなさそうにスマホをいじっていた。

ギタリストが抜けようが、俺のファンだけでもやっていける、と豪語していたボーカルはみるみるうちに意気消沈して歌声から力がなくなり、元々バンドに対する熱量があまりなかったドラマーは明日にでも脱退しそうな勢いだ。

（……この辺が潮時かあ？）

田園風景の続く地元から高校卒業と同時に上京し、今年で十一年。大学時代にバンドを始め、卒業してからも特に就職することなく、この道にしがみついている。

最初は自分たちの音楽を日本中の人に知ってもらいたい、という野望があったが、気づけばその思いもすり減り、最近では「どうすればファンが増えるのか」といったことだけを考えている。

そんな生活を続け、来年でもう三十歳だ。大学時代の同級生たちは思い思いの会社に就職し、結果を出したり結婚したりしているだろう。彼らの華々しい「今」の話を聞くのが怖くて、飲み会や同期会に誘われても顔を出せずにいる。

打ちのめされたボクサーのようにうなだれていたボーカルがぼそぼそとそう言い、陣内たちも立ち上がる。

と、その時だった。

「ああ、あんたたち、忘れ物だよ」

控え室にライブハウスの管理を任されている老人が入ってきた。手に、一抱えほどの段ボール箱を持っている。

ファンがメンバー宛のプレゼントを入れるボックスだ。もっとも陣内たちのような弱小バンドにとっては、ファンとの交流も活動のうち。毎回、ライブが終わった後はエントランスに出ていき、ファンに礼を言ったり、直接プレゼントを受け取ったりしていた。そんなファンですら、もうゼロに等しいのに、ボックスにプレゼントを入れる人なんているわけない。

誰もがそう思っていたため、箱の中に小さな包みが見えた時、陣内たちは一斉に色めき立った。

「誰宛？」

ドラマーが聞く。

真っ先にボックスに飛びついたボーカルが中をのぞき込み、つまらなそうに顔をしかめた。

「なんだよ、陣内だ」

それでも彼は丁寧に、陣内にプレゼントを渡してきた。

「おお」

ふわふわの包装紙でラッピングされたプレゼントに、陣内は不覚にも感動した。中にはバスソルトと入浴剤のセットが入っている。「お疲れ様です。これで疲れを癒やしてください」と豆粒のような小さな文字で書かれたメッセージカードを何度も見直し、陣内は顔をほころばせた。

差出人の名前はないが、それでもわかる。こちらが疲れているだろうと考え、リラックスできるアイテムをくれるのだから、きっとすごく優しい子だ。多分、小柄で黒髪で、眼鏡でもかけていそうな文学系の女の子。

元ギタリストのファンによくいたような「最前列で猛アピールしてくる」タイプじゃなくて、陰からそっと応援してくれる慎ましやかな子なのだろう。……多分。

「まー、ぼちぼちやってこうや。次の予定は……まあ、おいおい」

「ああ、その辺りは連絡し合ってこう」

安さが自慢のラーメン屋で質素な打ち上げを終え、陣内たちはそれぞれの帰途についた。

　次はいつライブをするのか、という具体的な話ができなかったが仕方ない。プロでもなく、事務所に所属しているわけでもない自分たちがライブをするためにはまずライブハウスを借りなければならない。

　立地条件のいいライブハウスとなると、どんな場所でも数万円はかかる。これに「平日ではなく土日」「午前ではなく午後」と条件を加えていけば、どんどん金額は跳ね上がるのだ。対バンライブなら会場の費用は折半だが、その分自分たちのパフォーマンスを見に来てくれる客は少なくなるし、難しい問題だ。

「金、稼がなきゃな」

　夜道を歩きながら一人、呟《つぶや》く。

　それでも今日は予想外のプレゼントをもらえたからか、珍しくライブそのものをやりたい気持ちがよみがえってきた。

　今日は久しぶりに浴槽に湯を張ろう。そしてこの入浴剤を入れて、ゆっくり温まろう。ぐっすり寝たら、明日からはバイト探《さが》しだ。今も夜は居酒屋でバイトをしているが、昼間にもどこかで働こう。そして金を貯《た》めてライブをすれば、今日のファンがまた来てくれるかもしれない。「彼女」に伝わるように、ＳＮＳやホームページも更新しておかないと。

空を見上げると、不格好に欠けた月が浮かんでいた。それでも月には変わりがない。
陣内はスマホを空にかざし、SNS更新用の写真を撮った。

＊　＊　＊

一週間後、陣内はこぢんまりとしたアパレルショップにいた。運のいいことに、昼間のバイトがすぐに決まったのだ。
たまたま近所の繁華街に出向いた帰り、裏道に一軒の古着屋を見かけた。そこが目にとまったのは単に、ショーウィンドウに求人募集の貼り紙があったからだ。

勤務日、勤務時間：応相談（一日から可）
時給：一二〇〇円
仕事内容：接客

思った以上の好条件に、陣内は思わず目を見張った。音楽活動を優先させたいので、あまり時間を拘束されるバイトはしたくない。稼げたほうがありがたいが、過酷な肉体労働はしたくない。営業のノルマがあったり、特殊な技能が必要な仕事も却下だ。

そんな風に考えていた陣内にとって、この店の求人は理想どおりのものだった。

誰かに先を越されないうちに、と慌てて店に飛び込み、表の貼り紙を見たと伝える。するとショップ側もよほど急いでいたのか、面接もそこそこに、その場で採用してもらえたのだった。

「俺、ついてるよなぁ」

レジ前の椅子にぼんやり座りながら、陣内は独りごちた。

「なーによ、ニヤニヤしちゃってぇ」

そこで、後ろから背中を叩《たた》かれた。

振り返ると、五十代くらいの女性が立っている。この店の店長だ。紫色のカラーグラスがはまったサングラスをして厚化粧。柄物のインナーに柄物のアウターを重ねるようなセンスの持ち主で、直視すると目が痛い。

だが初めて会った時から彼女は陣内に友好的で、なにかと親切にしてくれた。正直、この好待遇を受けられるのなら、店長のファッションセンスなど、いくらでも我慢できる。

「いや、この店で働かせてもらえて俺、ラッキーだよなあって思っただけっす」

「あらぁ、うまいわね、陣内クン！」

再びバン、と背中を叩かれ、陣内は思わずむせた。何がおかしいのか、声を上げて笑っている店長に苦笑しつつ、陣内はそっと店内を見回した。

（だって、めちゃくちゃ暇だし）

ごちゃごちゃと古着が展示された店内には滅多に人が来ない。接客のバイトとして雇われたものの、陣内がやることといえば商品の洋服をたたみ直すか、掃き掃除をすることくらいだ。しかも客がいない時はスマホをいじっていようと、音楽を聴いていようと、文句一つ言われない。

働くことが生きがいで、常に動き回っていたい者ならこのバイトは苦痛だろうが、陣内にとっては天国だ。働く日時も完全に陣内の自由で、前日に「明日、バイトに行ってもいいっすか」と電話を入れれば、即了承してもらえるのだから、最高としか思えない。

この話をボーカルに自慢したところ、「そのバイト先、おかしくないか」とやっかまれたが、気にすることはないだろう。ボーカルは今、深夜の交通整理のバイトを入れたそうで、毎日大変そうだ。彼からしてみれば、こうやってぼんやりしているだけで給料がもらえる陣内の待遇はうらやましくてたまらないに違いない。

「陣内クン、おやつ食べる？　こっちいらっしゃいよ」

店長が店の奥に作った休憩室から陣内を手招いた。店番はいいのだろうかと思ったが、どうせこの一週間、数えるほどしか客は来ていない。今日も問題ないだろうと判断し、陣内は呼ばれるままにそちらに向かった。小さな休憩室には熱々の緑茶とパウンドケーキの載った皿が置いてある。

（緑茶とケーキ……）

あまりなじみのない組み合わせだが、まあいいだろう。

席に座り、緑茶をすする。

「……う」

お湯で溶かすタイプのインスタント緑茶だ。粉末の量が多いのか、かなり苦くて飲みづらい。パウンドケーキはぼそぼそしていて粉っぽく、これもまた飲み込みづらかった。

「どう？　おいしい？」

「こ、これ、どこのっすか」

「うちの姪《めい》の手作りなのよぉ。お菓子作りが趣味でね。いつもいろんなものを作って、もってきてくれるの」

「な、なるほど。近所に住んでるんですね」

「そーなのよぅ。ほら、線路の向こう側に女子短大があるでしょ？　あそこに通ってたの。卒業してからは家の手伝いをしたり、ここに顔を出してくれたり……いい子なのよぅ。今どき、あんなに純粋で優しい子はいないわぁ。自慢の姪っ子なんだから！」

「なるほど……」

一方的にまくし立てる店長に口を挟めず、陣内はただ「なるほど」と繰り返した。店長は褒めちぎっているが、話を聞く限り「短大卒のニート」にしか聞こえない。様々な事情で働けない人がいることは知っているし、自分も世間的には三十路《みそじ》手前のフリーターなのだから、人のことを見下せる立場ではないとわかっているが、

（あんまりお近づきにはなりたくないかな……）

口の中でパウンドケーキがじゃりっと音を立てる。底面が焦げていたのだろう。口いっぱいに焦げた小麦粉の味が広がり、陣内は慌ててそれをどろっと濃い緑茶でなんとか飲み込んだ。

（うえ……っ）

「……で、ねぇ、アタシ、ちょっと気になってることがあるんだけど」

「なんすか」

必死で吐き気をこらえつつ顔を上げると、奇妙な顔の店長と目が合った。品定めするような、なにか機会をうかがっているような粘つく視線だ。

反射的に身を引きかけた瞬間、店長がぱっと手を伸ばし、テーブル越しに陣内の手をつかんだ。ぬるい体温が皮膚から伝わってきて、一瞬総毛立つ。

「陣内クン、最近周囲で変なこととか起きてなぁい？」

「……え？」

一瞬、何を聞かれたのかわからず、陣内は店長を見返した。反応されたのがうれしか

ったのか、店長はサングラスの奥でにんまりと目を細めた。

「アタシ、そういうのがわかるタイプなの。知り合いに有名な霊能力者がいてね。国とか政府とかの依頼で除霊や祈禱《きとう》を行うすごい人。そういう人からも『アナタは霊力が高いから気をつけなさい。修行したほうがいい』って言われたんだから」

「……はあ」

「見えちゃうのよ、そういうの。悪霊って言うのかしら……人に取り憑《とつ》いてる悪いモノが、頻繁に。だから普段はこうしてサングラスをかけてるの」

「……な、なるほど」

「それでね、わかるの。アナタ、すごく取り憑かれやすいタイプよ」

「…………」

陣内は何も言えず、ただ店長を見つめた。

……怪しい。

こんなことを知り合ってからまだ一週間しか経《た》っていないアルバイトに言うなんて信じられないし、気持ちが悪い。冷静にそう考えている自分もいるのに、

（俺、取り憑かれやすい？）

店長の声を聞いているうちに、なぜか頭の奥がじんわりとしびれていくような感覚に陥った。

思考がぼやける、とでもいうのだろうか。店長の言葉を疑う気持ちがなにかに押さえ込まれ、溶かされていく。

「現に今、アナタに悪いモノが取り憑いてるわよ」

「えっ、えっ、マジですか。えっ、どうしよ……」

「安心して、アタシが取ってあげる」

店長が笑い、陣内の背後に回った。そして、おもむろに陣内の背中に手を当てた。

（……あったかい？）

それは奇妙な感覚だった。店長に触られている部分だけ、背中がじんわりと温かくなっていく。火傷《やけど》しそうなほど熱くはないが、店長の体温にしては熱すぎる。

その奇妙な感覚が三十秒ほど続いただろうか。

「取れたわよぉ」

ふう、と大きく息を吐き、店長が言った。

「どう？　肩が軽くなったでしょ！」

「は、はい……」

はっきりとはわからないが、言われてみれば確かに肩が軽くなった気がする。「除霊成功よ！」と断言する店長を見ていると、そうに違いないという気持ちになってきた。

店長は重労働を終えたかのように肩を回しながら、重々しく陣内に言った。

「でも、これは一時的なもの。今、祓《はら》っても、時間が経てばまた、アナタは取り憑かれちゃうでしょうね」

「ええっ、そんな……」

「安心して。コレをあげる」

店長はそばに置いていた自分の荷物をあさり、一つのお守りを取り出した。

よく神社で売っているような小さなお守りだ。ただ真っ黒な布地に、金色の糸で「お守」と縫い取られているところだけが少し変わっている。その色合いのせいで、なんだか他とは違う凄《すご》みを感じた。

「これがアナタを守ってくれるわ。肌身離さず持ってなさいねぇ」

「あ、お金とか……」

「そんなのいらないわよぉ。アタシと陣内クンの仲じゃない！」

「あ、ありがとうございます」

ガハハ、と笑う店長に気圧《けお》されつつも、陣内は頭を下げた。

お守りを握りしめると、じわじわと胸に安堵《あんど》感が広がってくる。これがあれば大丈夫、自分は何も心配しなくていい。

なぜそんなにも安心してしまうのか、自分でも奇妙だったが、その違和感もすぐに溶けて消えた。

改めて店長に礼を言おうとした時だった。

「こんにちは」

アパレルショップの方で女性の声がした。そういえば今はバイト中だった、と陣内はハッと我に返る。店長がなぜかニマニマ笑いながら、「しっかりね」と背中を叩いてきたが、曖昧にそれに応えつつ店の方に向かい、

「――……え」

入ってきた女性を見た瞬間、陣内は思わず立ち尽くした。

今までの人生で一番と言っていいほど、美しい女性がそこにいた。

まるで全身が光っているようだ。透き通るほど白く、きめ細かい肌をしている。歳《とし》は二十代前半だろうか。子鹿のように濡《ぬ》れた、大きな黒い瞳と、艶のある唇から目が離せない。ミディアムボブの黒髪が肩の辺りでさらさらと揺れ、彼女の白い肌を一層際立たせている。

全身がしびれる、とはこういうことを言うのだろうか。呼吸の仕方も忘れたように、陣内はその場に立ち尽くした。

「あ、ぃ……い、いらっしゃいま、しゃいませ……っ」

しどろもどろに挨拶したが、そんな自分の滑稽《こっけい》さに呆《あき》れる余裕もない。かあっと頬が熱くなり、同時に心臓が早鐘を打ち始めた。

「いらっしゃ……あ、どぞ、ごゆっくり」

「はい」

くすりと笑い、女性がさらに店の奥に入ってくる。目を離せないまま凝視する陣内に不快感を示すでもなく、女性はいくつか服を手に取っては、鏡の前で自分の身体《からだ》に当てていた。

「これ、どっちのほうが似合いますか？」

突然話を振られ、陣内はぎょっとした。

「はぇっ？　お、俺に聞いて、ます……？」

「はい。自分じゃよくわからなくて」

「お、俺、俺が答えたら、俺が好きなほう、みたいな答えになっちゃいますけど……」

「……はい、それで」

「……っ」

一度恥ずかしそうに視線を外し……女性はちらりと上目遣いで陣内を見上げた。

「お兄さんの好み、知りたいなって……」

＊　＊　＊

……春だ。

人生に春が来た。

生まれてから今まで、自分はずっと冬の時代にいたようだ。そんなことにも気づいていなかった。世界はこんなに光があふれ、喜びに満ちていたなんて。

だがそれを今、知った。自分は世界に祝福されている。自分は今、人生でもっとも幸せな瞬間を迎えている……。

陣内はバイト先のアパレルショップに来た美少女ノリエの虜《とりこ》になった。しどろもどろになりながら連絡先を交換してもらい、それから毎日連絡した。

ショップの店員がいきなり距離感を縮めようとしてきたら怯《おび》えられてもおかしくなかったが、意外にもノリエは嫌な顔一つしない。それどころか、出会って半月後に陣内が告白した時も「私でよければ、ぜひ……」とはにかみながらも付き合うことを了解してくれたのだった。

ノリエと付き合えるようになり、陣内は夜の居酒屋バイトをやめた。ノリエと一緒にいる時間を増やしたかったからだ。

バンド仲間から練習の誘いが来ても断った。ノリエと離れているのが嫌だったからだ。

――ノリエと一緒にいるために。ノリエの笑顔を見るために。ノリエと会話するために。ノリエのために。

陣内の生活はいつしか、ノリエを中心に回るようになった。ノリエが食べたいと言った料理を一緒に食べ、ノリエが観《み》たいと言った映画を一緒に観て、ノリエが聴きたいと言った音楽を聴く。

ノリエが少しでも機嫌を損ねれば必死で謝り、ノリエのやりたいことをした。

ノリエが「ベースってちょっとダサい」と言ったその夜、陣内は自分の愛器をゴミ捨て場に捨てた。「そんなもの」よりノリエの言葉に同意するほうが大切だったし、陣内が自分のこだわりを一つ捨てるたびにノリエはとても機嫌がよくなった。

「え、ベース捨てちゃったの？」

「捨てたよ」

「うそ、うそ、ほんとに捨てたの、受ける！　きゃははっ、陣内くん、バカだね、意味わかんない、バカじゃない？　死んじゃえ、大好き！」

支離滅裂な暴言を吐きながらもノリエは上機嫌で陣内に抱きついてくる。その柔らかい体温を感じ、陣内は陶然とした。

ノリエが笑ってくれる。自分のしたことを肯定してくれる。そばにいてくれる。

……それ以上に価値のあることなんて、何もない。

「陣内クン、最近、アンタ幸せそうねぇ」

アパレルショップの店長が笑う。夜の居酒屋バイトはやめたが、ショップのバイトはまだ続けていた。居酒屋のバイトには難色を示していたノリエも何も言わなかったし、店長は陣内にとっての恩人だったからだ。

（だって）

以前、休憩室で除霊をしてくれたし、お守りをくれた。その直後にノリエと出会えたし、店長は自分にとって幸運の女神そのものだ。

「はい、幸せっす！」

「そうよねぇ、幸せオーラがバンバン出てるもの。彼女とはうまくやってるみたいね」

「はい！」

「いずれ結婚するのよね？　するんでしょ？　返事は？」

「はい、おれ、けっこんします！」

「いいわねぇ、しっかりやりなさいよ！」

そう言って、バンと背中を叩かれる。

……大丈夫です、頑張ります、任せてください。

そう応え、陣内は力一杯笑顔を見せた。

――その日の夜だった。

バイトが終わり、店を出た陣内は家に帰る途中、突然誰かに声をかけられた。

「おまっ……じ、陣内！」

「……え？」

振り返ると、陣内が組んでいたバンドのボーカルとドラマーが立っていた。二人ともなぜか青ざめていて、泣きそうな顔をしている。動揺のあまり小刻みに震えつつ、彼らはおもむろに陣内の肩をつかんだ。

「お前、こっちの連絡も無視して、今まで何してたんだよ！」

悲鳴のようなボーカルの声に、陣内はただ驚いた。

「え？」

「何度連絡してもつながらねえし、練習にも来ねえし！　バイト先に行ったら、もうやめたって言うじゃねえか。俺ら、お前になんかあったんだろうって思って、探してたんだぞ！」

「そしたらお前……なんでこんな……っ」

「……『こんな』？」

何を言っているのだろう、と陣内は困惑し、二人を見つめ返した。

そんな反応もまた予想外のものだったのか、ボーカルたちは目を見張り、続いて涙混じりの声で言った。

「自分の顔、見てみろよ！」

肩をつかまれ、なにかを見せられる。ボーカルの持っていたスマホだ。自撮り用のインカメラモードにしたディスプレイに異様な男の顔が映っている。

土気色の肌に、痩《こ》けた頬。落ちくぼんだ目の下にはべっとりと隈《くま》ができていて、白髪交じりの無精ひげを生やした骸骨《がいこつ》……そんな陣内の顔だった――。

＊　＊　＊
いかがだったでしょうか。

僕が陣内から連絡をもらったのは、その話の直後くらいでした。

僕は陣内と昔からの知り合いで、以前はしょっちゅう連絡を取り合っていましたが、この頃は少し疎遠になっていました。僕もお笑いの世界で生き残るために四苦八苦していましたし、陣内も音楽業界で頑張っていた時期でしたから。

連絡が途絶えた時も僕は特に心配しておらず、あっちも頑張ってるんだろうな、なんてのんきに考えていたので、彼から数年ぶりに連絡が来た時は本当に驚いたものです。

バンド仲間と会話をし、少し我に返ったのでしょうか。陣内は比較的落ち着いた様子で僕に電話をかけてきて、軽く自分の身に起きたことを説明した後、言いました。

『なんかさ、俺、こういうこととか全然信じてねえし、馬鹿なこと言ってるって自分でも思うんだけどさ……。俺がちょっとおかしくなったのって、あのお守りをもらった時からって気がするんだよな』

「お守り？」

『うん、バイト先の店長からもらったんだ。つってもそれをもらった後でノリエに会えたし、幸運のお守りなんだと思うんだけど。でもアレをもらってから俺、確かによくわかんなくなってるっていうか、記憶がちょっと曖昧な時があるっていうか……。ノリエといる時の記憶はあるけど、他がぼんやりしてるんだよ。……で、ベースとか部屋からなくなってるし、ノリエに聞いたら、アンタが自分で捨てたのよ、とか言われるし。メシとかも、あんま食ってないのに腹減らないし、なんかこう……変なんだよ』

「そのお守りって、中に何か入ってる？」

『小さく折りたたんだ紙が入ってるよ。……ああ、なんだ、普通のお札だ』

スマホの向こうで小さくガサガサと音が聞こえた後、陣内が言いました。多分、お守りを開けて、中身を確認したのでしょう。

彼は「普通の」と言っていましたが、僕はなんだか少し不穏なものを感じ、二の腕に鳥肌が立ったものです。

「……僕はただ人よりちょっと『視《み》える』だけだから、力になれるかどうかはわからないけど……でもとりあえずそのお札、見てみようか？」

『ああ……ああ、頼むわ、ハヤトモ。俺、なんかわけわかんなくてさ。何が起きてんのか、自分でもわかんなくてさ』

電話中も陣内はそんな風に口の中でもごもご言ったかと思えば、突然なにかに謝りだし、次第にイライラし始めて声を荒らげ、怪鳥のような絶叫を上げていました。それでいて、突然それがピタッと止《や》み、「面倒なこと頼んで悪いな、ハヤトモ。そっちの話も今度聞かせろよ」なんて常識的な挨拶をして、電話を切るんです。

彼がおかしいのは明らかにわかりました。

それからすぐ、彼から送られてきた画像を見て……僕はすぐに彼に電話をかけ直しました。

「捨てて」

『……ハヤトモ？』

「送ってくれた画像見た。今すぐそのお札、捨てたほうがいい。……いや、燃やして。今すぐ！」

送られてきたお札の画像……。

それを見た瞬間、そこまで知識のない僕でも、全身が総毛立ちました。

……逆五芒星《ごぼうせい》の奇妙な模様。

黒い紙に金色のペンで、そんな模様が描いてありました。悪魔崇拝の象徴とも言われている、まがまがしい逆五芒星が。

これは絶対に「お守り」ではありません。

まじない……「呪い」のお札です。

陣内にお守りと称してソレを渡したバイト先の店長さんは何らかの意図を持ち、陣内に呪いをかけていたのでしょう。でも陣内はそれに気づかず、親切な人からもらったお守りだから、と肌身離さず持ち歩いていたというわけです。

僕にはその画像が逆五芒星だということ以外、詳しい情報は読み取れませんでした。なにかよくないものなのは間違いないけれど、それがどういうものなのかまではわからない。それでも、こんなモノを持ち続けちゃいけないことだけは明らかだ……。それだけははっきりわかり、僕は「今すぐ燃やして」と改めて陣内に訴えました。

さすがにこれは異常事態だとわかったのか、陣内はすぐさま行動に移してくれました。電話をしたまま、カラカラとベランダを開ける音が聞こえます。

『別に神社に行って燃やさなきゃいけない、とかはないよな？　灰皿の中で、ライターで燃やしても……』

「うん、それでいいよ」

『おう、じゃあ燃やす。このまま電話つないでていいか』

「もちろん」

会話しつつ、電話の向こうでカチッ、カチッ、とライターで火をつける音が聞こえます。そして「おお、ちゃんと火がついた」なんて聞こえた時でした。

『なにしてるのおおおおおおっ！』

「……陣内？」

電話の向こうでドアが開いたような音が聞こえた次の瞬間、女性の悲鳴が聞こえてきました。

キエエエエエッ、と怒り狂った鳥のような金切り声とともに、ドタンバタンと騒音が響き、陣内が「どうしたんだよ、ノリエ」「落ち着いてくれよ」と困惑しつつも女性をなだめているような声が聞こえます。

途中で、一度大きな音がすぐそばで聞こえた後、陣内の声が遠くなりました。スマホを落としたのでしょう。それでも陣内はそれを拾う余裕もないようで、僕はただ少し遠くなった音声だけを電話越しに拾うことしかできませんでした。

『あああああやめろっ、やめろやめろやめろやめろやめろおおおおお！』

電話の向こうで、女性が金切り声を上げています。そして、何かが割れる音と、肉を思い切り殴りつけたような重い音。何かが床に倒れたような衝撃音に、痛そうな陣内の悲鳴……。

僕が必死で呼びかけても、その声は向こうには聞こえていないようです。

そのままどれくらい時間が経ったでしょうか。

急に一切の音が消え……ぽつりと一度、陣内の困惑したような声が聞こえました。

『……お前、誰？』

それから少し話が飛びます。僕がさらにその先の話を聞いたのは、陣内に電話した日から一週間ほど経った時でした。

あの日、ぽかんとしたように陣内が呟いた後、スマホの通話は突然終わりました。意図的に陣内が切ったのではなく、床に投げ出されたスマホの上に崩れ落ちた女性が偶然、通話終了のタッチパネルを押してしまったようです。

『……多分俺、はめられたんだと思う』

電話をかけてきた陣内の声は沈鬱で、疲れ切っているようでした。

『俺、ノリエって女の子のこと、すげえ好きでさ。偶然店に来た客だったんだけど、天使みたいで。めちゃくちゃかわいいの。黒髪の清楚《せいそ》系美少女っていうか、もう初めて見た瞬間、ビビビッて全身に電流が流れた感じで』

「うん」

『……でもさあ、違うんだよ。お前に言われてお守りを燃やした日、ノリエが偶然うちに来てさ。燃えてるお守りを見た瞬間、「やめろ、やめろ！」って大暴れしてさ。落ち着かせようと思って俺、ノリエを抱きしめてなだめてたんだけど、お守りが燃え切った後で改めてノリエのこと、見たらさ』

「……うん？」

『なんか、つやつやの黒髪じゃなくて、バサバサの黒髪。肌もガサガサで、目は小さくて、鼻もでかくて。……いや、人間、ツラじゃないとは俺も思うよ？　容姿より中身だって思うんだけどさ。……なんかもう、違うんだよ。全然違う。なんで俺、こいつのことを絶世の美少女だって思ってたんだろう、みたいな……。見てる世界が突然変わったっていうか』

「………………」

『かわいくないけど好きになったから、俺にとっては世界一、とかじゃないんだよ。ノリエのためなら何でも捨てられたし、何でもやれたのに、そう思ってた気持ちが一瞬でなくなったの。何で俺、あいつにこんな風に惚《ほ》れ込んでたのか、謎すぎて』

「……そういう、呪いだったたってことかな」

『よくわからないけど、俺はそう思う。しかも、さ……。その騒動があった翌日、バイト先に行ったんだ。店長に話を聞こうと思って。……でもいなかった』

「いなかった？」

『閉店してた。……突然だぜ？』

信じられねえよな、と陣内は途方に暮れたような乾いた声で笑いました。

多分……僕は話を聞いただけなので、確証はないのですが、その店長とノリエさんは共謀者だったのかもしれません。

ライブ会場かどこかで陣内を見かけて、好意を抱いたファンの女の子がいたとして、その子が陣内と特別な関係になりたいと思ったのだとしたらどうでしょうか。

その子に「人を呪う知識のある叔母」がいて、彼女がかわいい姪のために一肌脱いだとしたら……陣内に、姪を世界イチかわいく思うまじないのお札を渡し、陣内はそれを持ち歩くことでお札の影響を受けてしまっていたとしたら。

その結果、陣内は冷静な判断ができなくなり、ノリエさんたちの思惑にはまってしまったのかもしれません。

「でも、わかってよかったじゃないか」

僕はホッとして言いました。

「全部わかって、よかったよ。一件落着したんだろ？　安心したよ」

『…………』

でも、そう言った僕に陣内は沈黙で応えました。ずいぶん長い間黙った後、彼はうめくように、低い声でぼそりと言いました。

『子供』

「……え?」

『ノリエ、妊娠してた。俺の子』

ははは、と陣内が泣き笑いをするような声で言いました。そしてそのまま笑って笑って……ズズ、と涙混じりに洟《はな》をすすりました。

『俺……別れられねえ』

陣内の電話はそこで切れました。

その後、彼とは連絡がつかないままです。

バンドもやめて、バンド仲間とも連絡を絶って、誰にも、何も言わずに行方をくらましてしまいました。

多分、ノリエさんとどこか別の場所に引っ越し、そこで子供を育てているのだと思います。

でも呪いのお札で強制的に恋心を植え付けられた結果、所帯を持つことは彼にとって、幸せなことなのでしょうか。しかも正気に戻った後で、すでに自分が後戻りできないところまで来ているのだと知らされて。

せめてノリエさんと腹を割って話し合って、納得のいく結婚生活を送れていますように。生まれてきた自分の子供をちゃんとかわいいと思うことができていますように。

もしそうじゃなかったとしても……せめて陣内自身が冷静に、自分の感情を把握できた上で、生きていますように。

それが僕の願いです。

いわれの無い心霊スポット

心霊スポットって不思議ですよね。

到底納得できない亡くなり方をした人がいて、事件や事故現場、もしくは遺体の発見現場に後日、その人の幽霊が「出る」。目撃するのは被害者の家族や友人だけではなく、縁もゆかりもない人であることも多いです。

彼らが見たのは亡くなった本人だったのか、それとも単なる目の錯覚か……。

今回はそんな心霊スポットにまつわる話をさせていただきます。


数年前のことでした。とあるお笑いライブがあり、都内近郊のライブ会場に芸人仲間が大勢集まりました。

日中はそれぞれのネタをライブで披露し、夕方頃から皆で打ち上げをする流れになったんです。先輩後輩を合わせて六人いましたが、会場付近は居酒屋が多く、その中の一軒にすんなり入ることができました。

「いやー、お前のネタ、やばかったな。会場、めっちゃ沸いたやん」

「あれはほんま自信作だったんでホッとしました」

「そっちは最近どうなん。この前、ニュースになってんの見たで」

「いや、あれについては触れないでください。もう散々で……」

そんな風にとりとめのない話に花を咲かせていました。

皆、気のいい人たちです。日本中の誰もが名前を知っている、というほどの知名度はまだないけれど、いずれそこまで上り詰めたい、この業界で自分の力を試したい……そんな熱い思いを持っている人たちとの飲み会は僕にとってとても刺激的で、それはそれは楽しいものでした。

まだ外が明るいうちから飲み始め、気づけば三時間、四時間経《た》つのは当たり前。たいてい、何軒か店を替え、それでも話が尽きなければ、誰かの家に押しかける……。

そんなことばかりしていましたし、この日も似たような流れでした。夜の九時を回って、皆、適度に酔っ払っているけれど、前後不覚になるほどではありません。いつもなら、よし、じゃあ次の店に移ろうか、という流れになるのですが、この日はちょっと違っていました。

「そういや、この辺に有名な心霊スポットあるんやったな」

先輩の一人がふとそんなことを言い出しました。ここでは仮にコウキさんとさせてもらいますが……酒の飲み方もお笑いのネタも豪快で、日頃から怖いものはないと豪語している人でした。

「今日のハヤトモのネタ、受けてたやろ。俺も次はそっち系、攻めよう思てんねん」

「な、なるほど……」

別に心霊系の話は僕の専売特許ではありません。僕よりも視《み》えたり触れたり……はたまた会話できたり祓《はら》えたりする人も大勢います。

誰が心霊体験をお笑いのネタにしてもかまわないのですが、この時は僕がなにかを言うより早く、後輩のシンジ（仮名）がちょっと怯《おび》えたように言いました。

「いや、さすがにそれはちょっとまずいんじゃないですかね」

「何がやねん」

「この近くの有名な心霊スポットってあれでしょ。結構昔ですけど、すごい騒がれた猟奇殺人事件の……。あそこ、ガチだって噂《うわさ》じゃないですか。見たとか出たとか、それだけじゃなくて、なんか……」

「ああ、それ、俺も聞いたことあるわ。あそこに肝試しに行った大学生がそれ以来、家中の鏡を全部割るようになったとか、偶然そこを通った会社員さんがその場に落ちてた苔《こけ》むした岩を延々と舐《な》め続けるようになったとか」

「マジかよ……」

仲間たちは口々に怯えたようなうめき声を上げました。

「幽霊を見て、ああびっくりした、ってだけじゃないのかよ。それはちょっとやばいな」

「何だよ、びびってんのかよ」

コウキさんはつまらなそうに口をとがらせ、まだ未練があるようでした。

多分……多分なのですが、この日、コウキさんのお笑いがちょっとスべったことも理由の一つなのかもしれません。彼の持ちネタの一つでしたが、かなりいろんなところで披露していて、お客さんの中には「もうそれ、聞いたよ」「またそれなの？」といった反応をする人もいるようでした。

そういう感情は芸人側にもはっきりと伝わります。自分が飽きられ始めているという焦りをなんとかしたくて、コウキさんは新ネタのヒントを探しているようでした。

この気持ちは僕たち全員がよくわかります。コウキさんが先輩ということもあり、なおさら強く拒否することはできないようでした。そして困った彼らはなんと、示し合わせたように僕の方を向いたんです。

「ハヤトモはどうよ」

「やっぱまずいと思う？」

あっ、こいつら、僕をダシに使う気だな、と僕は思わず苦笑しました。霊感のあるハヤトモがやめようと言うんだからやめよう。ハヤトモが危ないって言うからやめよう。そんな風に話を持っていきたいのが手に取るようにわかりました。こうなると、僕もちょっと意地悪な気持ちになります。酒の勢いも手伝って、僕は笑いながら言いました。

「別にいいよ」

「えええっ！」

「大丈夫かはわからないけど、みんなが行くなら付き合うよ」

「よおおし、決まりや！　みんなで行くでえっ！」

コウキさんは今から現場に行く気満々で、勢いよく立ち上がりました。よほどうれしかったのか、居酒屋での支払いを全部持ってくれたため、もう誰も拒否はできません。あまり余裕のない暮らしをしている芸人仲間からは後でこっそり感謝されたくらいです。

一人だけミニバンに乗ってきたため、酒を飲んでいなかったススム（仮名）の運転で、僕たちは噂になっている心霊スポットへと向かいました。

「ほんとに大丈夫か、ハヤトモ」

運転中、助手席に座った僕にススムがささやきました。

後部座席ではコウキさんたちが途中のコンビニで買い込んだ酒やらおつまみやらを広げ、二次会を開いていました。まだ飲み足りなかったのも本当でしょうし、これから向かう場所に対する恐怖を和らげたい気持ちもあったのかもしれません。仲間の中で一番怯えていたシンジがいつも以上に盛り上げ役になり、お酒を一気飲みしていたのを覚えています。

僕は異様なまでに盛り上がる彼らに苦笑しつつ、運転席のススムにうなずきました。

「いや、そうは言うけどお前……。こういうの、ハヤトモが一番怖いんじゃないのか？　俺は正直霊感ないし、あんまり信じてないけど、お前は……」

「うん、本当にいるなら、僕は絶対近づきたくないよ」

「……どういうことだ？」

「実はこの話、からくりがあるんだ」

僕は話を続けます。

「今から行く坂道、ネットですごく噂されてるだろ。『猟奇殺人の犯行現場、かつ死体遺棄現場で、今でも被害にあった女の人の幽霊が出る』って」

「ああ」

「それ、嘘《うそ》なんだ」

「嘘？」

「さっき飲み屋で話してたみたいに、現地に行って変になっちゃった人がいたのは本当らしい。禁止しても禁止しても、やっぱりそういうのって恐怖よりも好奇心が勝つからさ。バリケードを作っても、通行禁止にしても、現場を訪れる人は後を絶たなかったそうなんだ。それで警察だか政府だかが、対策を打ったんだって。以前、その件に詳しい人が教えてくれた」

「対策って何だよ」

「嘘の現場をネットで広めたんだ」

それはこのネット社会ならではの対処法でした。

実際にあった事件現場とは全く別の場所を「事件現場」としてネットで広めたというのです。そうすれば当然、一般人がネットで検索した時もそちらがヒットします。そして彼らはネットでの情報を信じ、本来は何も起きていない場所でおっかなびっくり肝試しをする……。

まさに「木を隠すなら森の中」、本当の情報を隠すなら、偽の情報の中、ということです。

「といっても、全然雰囲気が違っちゃったら騙《だま》せないだろ。今から行く『偽りの事件現場』もすごくそれっぽいから、誰も疑わないんだって」

「ほあー、なるほど。そういうことか」

ススムは感心したように何度もうなずき、笑顔を見せました。幽霊なんて信じていないと言いつつ、彼も少し怖かったのかもしれません。

「あとでシンジにこっそり教えてやろ。あいつ、めちゃくちゃびびってるしな」

「気持ちはわかるよ。本当の現場だとしたら、僕だって絶対嫌だし」

ただでさえぎょっとするような心霊体験をすることが多い身です。仕事でもない限り、好奇心でそういう場所に近づきたいわけがありません。

ただ安全だとわかっているのなら、僕も先輩の力になりたい気持ちはありました。コウキさんがこの肝試しの経験をどうやってお笑いのネタにするのかも楽しみです。

緊張が取れたのか、スムーズに運転するススムの車に乗って、僕たちは噂の心霊スポットへ向かいました。

＊　＊　＊

「着いたぞ」

車に乗って十五分ほど経った頃でしょうか。ススムが車を止め、そう言いました。

異様な盛り上がりを見せていたミニバンの後部座席がピタッと静かになりました。

「おう、もう着いたんか」

「うぇえ、やっぱりやめましょうよう」

平然としているコウキさんと、一瞬で酔いが覚めたのか、泣きそうな顔をしているシンジとの対比が印象的でした。

みんなでパパッと車内を片付け、外に出てみます。

すでに夜の十時近くになっていたこともあり、辺り一帯真っ暗でした。つい先ほど居酒屋が建ち並ぶ繁華街にいたとは思えないほど人気《ひとけ》がなく、寂れた場所です。

「現場はここからちょっと歩いたところみたいだな」

スマホでネットの記事を検索し、ススムが言いました。

有名な心霊スポットなので、ネットにはすでに現地レポートのブログがたくさんあがっています。中には詳しい道順が書かれている記事もあったため、僕たちはそれを見ながら、現地に向かってみることにしました。

「おお、雰囲気あるな」

道中もコウキさんはずっとニヤニヤ笑いながら、楽しそうにしていました。

ポツポツと等間隔に街灯がともる以外、周囲を照らすものは何もありません。道なりに民家は建っているものの、コンビニや居酒屋といった店舗はなく、ネオンの明かりも当然ゼロです。

今日は僕たち以外の肝試しの人もいないのか、派手に騒いでいる声も聞こえず、周囲はひっそりと静まりかえっていました。

民家の奥で、木々がざわざわと音を立てて揺れています。正面に真っ黒で巨大な影がそびえ立っているところを見ると、道の先は山に続いているようでした。

仲間の一人がスマホのライトで前方を照らしました。それは僕たちの視界を確保するためのものではなく、どちらかというと向かいから車が来た時に気づいてもらうためのものだったのでしょう。

確かに心霊スポットを訪れた時に交通事故にあったりしたら、僕たち自身が怪奇現象の主役になってしまいそうです。僕も念のため、ライトをつけながら、ゆっくりと道を歩いていきました。

最初は二車線あった道はいつしか一車線になり、やがて緩やかな登り坂になりました。ゆっくりとカーブを描くように続いているところからして、この道は山に沿って作られているようでした。

「な、なんか喋《しゃべ》ろうぜ」

みんながそわそわと辺りを見回す中、沈黙に耐えきれなくなったススムが言いました。今から行く場所が「嘘」の心霊スポットだとわかっている彼でも、普通に暗闇が怖かったのでしょう。最初から怯えていたシンジはもう、震えなのか、うなずいたのかわからないくらいのオーバーリアクションで首を縦に振っていました。

「はははは話しましょう！　なにか楽しいやつ！　笑える話！」

「おう、じゃあシンジ、なんかネタやれ」

「無理です無理です。頭、真っ白で、何も思いつきません！」

「なっさけないのう。じゃあハヤトモ、行け！」

「あ、はい」

「いや、ダメや！　こいつに喋らせたら、余計に怖なるやん！」

恐怖を紛らわせるように皆、普段よりも大声で話していました。

でもここが芸人のいいところなのか、コンビを組んでいる二人が「じゃあ俺らが！」ととっておきのネタを披露し出すと、それに茶々を入れたり、ツッコミを入れたり、といつもどおりの雰囲気が戻ってきました。

じゃあ次は俺や、いや僕です、と即興ライブのように盛り上がり始めてから、どれくらい経ったでしょうか。

「なんかあるぞ」

仲間の一人がぽつんとそんな声を上げました。

「……っ」

それまで盛り上がっていた仲間たちが全員、ピタリと黙りました。少し前に車を止めた時と同じ現象です。皆、盛り上がっているように見せつつ、心の中ではずっと緊張していたのかもしれません。

「……あそこや」

前方に通行止めの看板と、夜でも目立つ真っ赤な三角コーンが立っていました。この先にお化けがいるぞ、呪われる前に引き返せ、と通行人に知らしめるように。

「………」

これは思った以上に雰囲気があるなあ、と僕は内心感心してしまいました。この場所が本当の事件現場ではないと知る僕ですら、ちょっとゾクッとしてしまったものです。

「……行くで」

足が止まってしまった皆を奮い立たせるように、コウキさんが率先して一歩踏み出した時でした。

「あの、引き返したほうがいいですよ」

突然、背後から声がしました。

さすがに僕たち全員びっくりしてしまって、悲鳴を上げつつ振り返ると、そこには奇妙な男性が一人、立っていました。お寺の住職さんのような袈裟《けさ》を着けて、首に巨大な数珠《じゅず》状のネックレスをかけ、手にも数珠を持っています。

「あなたは？」

「専門家です。この先にいる悲しい霊をなだめてほしいと依頼を受けまして」

彼よりだいぶ後ろの方に、ご夫婦らしき二人組がいました。話を聞いてみると、大学生の一人息子が仲間たちとこの心霊スポットに来て以来、やたらと悪夢を見るようになってしまった、とのことでした。

「寝たら女の人の夢を見る、被害者が殺される瞬間の夢ばかり見る、言うて怖がってしまって。……大学にもしばらく行けてないんですわ。私ら、もうどうしよう、思て」

旦那さんのほうが途方に暮れたように頭を抱え、弱々しい口調で説明してくれました。どんなに息子を元気づけてもダメで、すがるような思いで霊能力者の方に除霊を依頼したそうです。

「……ハヤトモ、どういうことだ？」

こそっとススムが僕にささやきました。

「この先、何もいないって言っただろ。じゃあ何で……」

「多分、思い込みだと思う。肝試し中に突然風が吹いたとか、木々がざわめく音が人の声に聞こえたとか……。元々怯えてると、そんな普通のことでも不吉に感じたりするだろ」

「ああ、なるほど」

「それで自己暗示にかかったって言うかさ。心霊スポットに行ったぞ、心霊体験っぽいことが起きたぞ、もしかしたら自分は取《と》り憑《つ》かれたのかもしれないぞ……。そんな思い込みで夢を見るようになったんだと思う」

僕にはそうとしか思えませんでした。

僕たちの会話には気づかず、霊能力者の男性はご夫婦に「ここからは私一人で」ともっともらしく言い、胸の前で数珠を持った手をピンと立てつつ、通行止めの看板の先へ入っていきました。

「僕たちはどうします？」

「当然行くやろ。ここで帰ったら無駄足やん」

僕の問いにコウキさんが笑って即答しました。

「それじゃあ行ける人だけで行こうか。無理なら、この方々と一緒に、ここで待たせてもらう感じで」

僕はそう言いましたが、意外にも全員が先に進むことを選びました。

コウキさんの言うとおり、ここまで来て脱落するのはつまらないと思ったのかもしれませんし、ここで一人だけ残ったらコウキさんのネタに組み込まれるだろうと思ったのかもしれません。こういう時のコウキさんは容赦がないので、臆病風に吹かれたら最後、テレビで名前を出されて、弱虫や、びびりや、と笑われるのは僕でも想像できました。

もしくは……霊能力者を名乗る男性が現れたことで安心したのかもしれません。この人がいれば仮に自分が幽霊に取り憑かれたとしてもお祓いしてくれそうだぞ、と。

実際、霊能力者はほんにゃらうんにゃら、と僕にはよくわからない呪文らしきものを呟《つぶや》きつつ、一向に恐れることなく坂道を登っていきました。

「あの人、本物？」

またススムが僕にささやいてきましたが、僕は苦笑いしかできませんでした。

「わからない。元々僕は他人の霊力みたいなものは視えないし」

自分でもうまく言えないのですが、この辺りがフィクションとは違うところです。僕は人のオーラや、その人に生き霊がどれだけ憑いているかは視えますが、霊能力者を名乗る人が本物かどうかはわかりませんし、その人がどういう力を持っているかもわかりません。

僕と同じように「視る」だけなのか、声が聞こえたり触れたりするのか、もしくはお祓いができるのか……。

そういうものを探るにはきっと、それ専用の能力が必要なのだと思います。すれ違った瞬間、「あいつ、できる……!」なんて言えたら面白かったな、とも思いますけどね。

……話が少しそれました。

そんなこんなで僕たちはその自称霊能力者と共に、心霊スポットと噂される場所に向かいました。

通行止めの看板をすぎたあとも、特に景色は変わりません。街灯が消えたりすることも、草木が枯れていたり異臭がしたりすることもなく、延々と坂道が続くだけです。

ただ……そこから五分ほど登った頃でしょうか。

「着きました」

霊能力者が重々しく言いました。

真っ暗な坂道はまだ続いていましたが、道路の脇に草むらがありました。ぼうぼうに雑草が生え、それが風に揺れて不穏な音を立てています。

元々古びた民家があったものの倒壊し、更地になったような……大体それくらいの大きさの草むらでした。

僕たちはネットで得た事前の知識として、その草むらの脇にどんよりとした小さな池があることも知っていました。

二十年以上前、仕事を終えて帰宅途中の女性がとある池の近くを通りがかった時、何者かに連れ去られたそうです。そして警察や家族の必死の捜索もむなしく、後日、彼女の遺体の一部がその池に捨てられていた、ということでした。

犯人は捕まりましたが、その残虐性からワイドショーなどで連日騒がれ、事件は多くの人が知るところとなりました。そして花を供えようとする人たちが事件現場を訪れ、怪奇現象にあい……あとは先ほどお話ししたとおりです。

あまりにも心霊現象が多発することに頭を悩ませた警察や政府の人たちが一計を案じ、実際の事件現場とよく似た場所を「偽りの事件現場」としてネットで広まるように仕向けた、ということです。

「やばあ……これ、ほんまもんのアレやん」

それまで威勢のよかったコウキさんが興奮と恐怖の入り交じったような声で呟きました。元々この話を信じ込んでいたシンジは言葉も出ない様子です。

ここが実際の事件現場ではない、と知っている僕や、先ほどそれを話したスムですら、背筋がゾクゾクしたほどです。霊能力者がその池に向かって、呪文を唱え始めたのもまたホラーの演出として最高でした。

ただ、彼は僕たちに「こうしてはいけない」「ああしてはいけない」とは言わなかったので、コウキさんはやがて好奇心に負けたようでした。

「例の池ってこの奥やろ、ハヤトモ」

「ええ、そういう噂ですけど」

「ちょっと見てくるわ。ちゃんと見とかんと、ネタにできへんし」

「いや、暗いし、やめておいたほうがいいんじゃないですか」

僕としては、真っ暗で足下も見えないのだから不用意に草むらに踏み込んだら蛇に噛《か》まれるかも、とか、うっかり池に落ちてしまうかも、とかそういう心配をしたのですが、コウキさんたちは別の意味に取ってしまったようでした。

……霊感のあるハヤトモがこれ以上進むのをとめたぞ、ここは本当にやばいのかも。霊能力者も来てるし、なんか呪文まで唱えてるし、いよいよ本当に危険な悪霊がいるのかも。

そんな空気がぶわっと仲間内に広がったのがわかりました。

「もうやめましょうよ、コウキさん」

シンジが半泣きで止めましたが、それを振り切り、コウキさんは一人でずんずん草むらの中に入っていきました。

草が生い茂っていたこともありますが、コウキさんの姿はあっという間に闇に溶け、声しか聞こえなくなりました。

『うわ、虫が多いわ、ここ』

『なんか踏んだ！　なんか踏んだ！　何ぃ!?　今の、何ぃ!?』

『……うっお、あぶね！　足下デコボコしとる！』

一人で喋りまくるコウキさんの声で、僕たちは草むらの中がどうなっているのか、なんとなく推測できました。

虫や不法投棄されたゴミが多く、池の水が土壌にしみこんでいるのか、地面がぬかるんで歩きにくい……といったところでしょうか。コウキさんはこんな状況でも元気いっぱいで、時折笑ったり茶化したりしながら、草むらを探検しているようでした。

『あー、これはほんま、あかんな。こっからやとハヤトモたち、全く見えへんわ。……おい、おるやろな？　全員逃げてたら、さすがに泣くで』

「大丈夫、いますよ。でもそろそろ帰ってきてください」

『まあまあ、もうちょっと探検させえ。……当時もこんな感じやったんかな。坂道の方でさらわれて、ここまで引きずり込まれたら、他の通行人が通っても気づけへんやろ』

コウキさんが、はあ、と喉の奥でため息をついた音が聞こえました。

『そうやって犯人に口塞がれて、何人もそばを通るのに全員に素通りさ、れ……っ……』

その時です。不意に、ぷつりとコウキさんの声が一度途切れました。

「……コウキさん？」

『……殺され……一度どっか連れ……バラされ……』

ぐん、とコウキさんの声が一段低く響きました。僕の声には応えてくれません。ただブツブツと途切れ途切れに、闇の向こうからコウキさんのうめき声のようなものが聞こえました。

「コウキさん？　そろそろ帰りましょう」

『……こわ……て……怖くて怖くて怖くて、何度も助け、呼ん……でもだぁれも気づいてくれへ……ここ、おるって言うてるやん……なんで誰も、気づ、くれ……』

「コウキさん⁉」

なんだか様子がおかしい、と僕たちが焦った時でした。

突然、草むらの中からコウキさんがバッと現れました。

それはいいんです。ぱっと見たところ、誤って池に落ちた様子も、蛇や毒虫に噛まれた様子もなかったので、それは安心できました。

……ただ、明らかに様子がおかしくなっていました。

目は開いていましたが、どこも見ておらず、重心がブレているようにふらふらしながら「なんで、なんで」とブツブツ呟いています。

――その背中に、女性がおぶさっていました。

長い髪が顔を覆い隠しているため、どんな表情をしているのかはわかりません。ただ絶対に離れないというように、ぎゅうっとコウキさんの首にしがみついていました。

普通、それだけしがみつかれたら苦しいはずですが、コウキさんはそれには特に反応せず、なぜ、なぜ、と繰り返すばかりです。

（……おかしい）

僕は混乱しました。

ここが凄惨な殺人事件が起きた現場じゃないことは確かです。もしかしたら、その事件とは別の事件が本当にここで起きていて、コウキさんはそっちの事件の心霊現象にあっているのかとも思いました。

でもそれはそれで違和感があります。コウキさんの背中に覆い被《かぶ》さっている女性の幽霊は殺されてバラバラにされてしまった被害者の女性によく似ていました。顔が見えないため、はっきりとしたことはわからないのですが、長い髪の毛やほっそりとした体形はネットで調べれば見つかる被害女性そのものです。

（なんで）

混乱しっぱなしの僕を置いてきぼりにして、コウキさんの様子はおかしいままでした。

「なんでえ」

その目からぼたぼたっと涙が落ちました。もうシンジやススムたち、他の芸人仲間は声も出ません。この異様な状況に飲まれ、ひいひいと悲鳴のような呼吸があちこちからするだけです。

「離れて」

その時、異変に気づいた霊能力者が近づいてきました。

「憑かれましたね。今、祓います」

霊能力者は慣れた手つきで懐から小瓶のようなものを取り出し、コウキさんに振りかけてから、木べらのようなもので今度はコウキさんの背中を軽く叩《たた》き始めました。

叩きながら、ひたすら呪文を唱えています。シンジたちはまるでヒーローを見るように霊能力者を見つめたり、コウキさんに向かって手を合わせたりしながら「コウキさんを返してください」と訴えかけていました。

……でも、女性は離れませんでした。「その人から離れてください」

霊能力者はもっともらしく色々やってくれるんですが、あまり効いているようには見えません。女性の幽霊はコウキさんにしっかりしがみついたままですし、コウキさんにも変化はありませんでした。

このままだとちょっとまずいのかもしれない、と僕は一人、恐怖でガタガタと震えてしまいました。

視えているからこその恐怖なのかもしれません。このまま霊能力者に「祓えました。今はまだ錯乱していますが、いずれ落ち着くでしょう」なんて言われたら、シンジたちは納得してしまいそうです。そしてべったりと女性をおぶったままのコウキさんを連れ帰って、ああ怖かった、でも無事に解決できてよかった、なんて笑い合って、この肝試しをお開きにするかもしれません。

そうしたらコウキさんはどうなるのでしょう。僕は彼がまだ取り憑かれていることがわかっている。でも僕にはお祓いなんてできません。ここでなんとかしないと、コウキさんはこの先、危ない目にあいそうな気がして、怖くて怖くてたまりませんでした。

「コ、コウキさん、イメージです！　想像してみてください」

これがいいのか悪いのかもわからないまま、僕はとにかく無我夢中で口を開きました。

「いいネタを思いついて、ライブで披露したらめちゃくちゃ受けた時、あるでしょう。その時の感覚を思い出してみてください。こう、わあーって体温が上がる感じ、するじゃないですか。やってよかったなあ、俺、この場を盛り上げてんなあって興奮しますよね」

「ハヤトモ？」

突然何を言い出すんだとススムが不審そうに言いましたが、そっちにかまっている余裕はありません。自分でもこれが正しいことなのか自信がないまま、僕はとにかくコウキさんの肩をつかみながら喋り続けました。

「その時、生きててよかったって思うじゃないですか！　俺、輝いてるって！　ネタ考えて舞台に立って、生活のためにバイトして、たまに飲んで、またネタを考えて……ちょっとキツくても、お客さんに大受けしたら、そういう苦労が全部チャラになるじゃないですか！」

「……あ」

コウキさんがぽつりと呟きました。たった一言「あ」だけでしたが、それまでブツブツと呟くだけだった時とは違い、はっきりとコウキさん自身の意思で発した声に聞こえました。

僕はそこで一縷《いちる》の希望を見いだしたように思えて、必死でコウキさんの肩を揺さぶりました。

「生きてる人間のほうが死んでしまった人より『強い』んです。生きてる喜びを思い出せば、自力で祓えます。コウキさんならできます。大丈夫」

「……ハヤ、トモ」

やっとコウキさんの目が焦点を結んだように、はっきりと僕の方を見ました。

それと同時に、背後におぶさっていた女性がすうっと薄れ、闇に解けてしまいました。

コウキさんはその瞬間、大きく息を吸って……吐くと同時に、緊張状態が解けたようにその場に座り込んでしまったのでした。

その後、僕たちはコウキさんに肩を貸しながら、這々《ほうほう》の体《てい》で坂道を下りました。霊能力者がいつ、僕たちのそばを離れたのかはちょっと覚えていません。通行止めの看板の外にいたはずの夫婦もいなくなっていたので、あの人は彼らに「除霊は成功しました」と言って謝礼を受け取り、解散したのかもしれません。

あの人が本物の霊能力者だったのかどうか、僕にはよくわかりません。僕は除霊方法などに詳しいわけでもないので、あの霊能力者がやっていたことや唱えていた呪文が正しかったのかもわからないままです。

ただあの時……あの瞬間のコウキさんに限って言えば、外から唱えられた呪文よりも、彼自身が持つ生命力を刺激するほうが効果的だった気がしています。

この日のライブでお客さんの受けが悪かったコウキさんはちょっと舞台上で疎外感を覚えてしまったのかもしれません。とっておきのネタなのに、どうやらお客さんには響いていないようだ。俺の声はちゃんとみんなに届いているんだろうか。俺は彼らの目に見えているんだろうか……。

そんな心細い気持ちがあの心霊スポットで増幅されてしまって、霊に取り憑かれたのかもしれません。

それでもコウキさんは元々精力的な人です。ライブの楽しさやお客さんの笑顔を思い出すことで、自力で「悪いもの」を振り払うことができたのではないでしょうか。

それについてはなんとなく自分でも確信を持てているのですが、わからないのは女性の幽霊のほうです。

元々あの心霊スポットは事件も何も起きていない場所なのに、なぜコウキさんはあの地で取り憑かれてしまったのか……。

よくわからなかったので後日、僕よりも霊感のある親父《おやじ》や知り合いの霊感のある人に聞いてみました。

彼らの推測はこうです。

僕たちが行った「用意された心霊スポット」はあまりにもネットで有名になってしまったせいで、多くの人が詰めかけることになりました。

いかにもそれっぽい場所に来た彼らはあの日の僕たちと同じように、おっかなびっくり現場を見たことでしょう。

──ここが〇〇の殺人事件が起きた場所だ。

──バラバラにされた女性はきっと怖かっただろうな。

──数十歩歩けば、舗装された道路なのにな。

──誰にも気づいてもらえず連れ去られたなんて、悲しかっただろうな。

心霊スポットを訪れる人たちのそうした思い……事件のことを想像し、被害女性の苦しみを妄想することで、その集合意識が一つの「形」を作ってしまったのかもしれません。

あの女性の幽霊が「作り出された存在」だったと考えると、確かに僕も納得がいきます。それくらい、あの日コウキさんに覆い被さっていた女性はなんだかモヤのようにぼやけていました。

本来、弱い霊はぼんやりしていて、強い意志を感じる霊ははっきり視えることが多いんです。でもあの時の女性はとても強い「意志」があるのに、姿形は弱い霊と同じくらいボヤボヤとして視えました。

人の手で作り出された心霊スポットに現れた、人の妄想で作り出された幽霊……。

そうやって生み出されていく怪奇現象もあるようです。

実際に何も事件が起きていないからといって、安全だと信じ込むのは危険なのかもしれない……そう思えた出来事でした。

いつ死ぬの？

数年前の話です。

僕の友人で、彼女と同棲《どうせい》している奴《やつ》がいました。すごく仲がよくて、夫婦同然と言ってもいいほど幸せそうで……。

僕や他の友人はみんな、彼らがいつか結婚するものだと信じ、その報告を楽しみにしていました。

……でもある日、彼女が病気で入院することになったんです。僕の友人は毎日のように病院に行って、彼女を励ましたり、身の回りのものを持って行ったりしていましたが、彼女はどんどんやつれていき、結局入院してから半年くらいで帰らぬ人になってしまったそうです。

僕はそれを他の奴から聞いて、彼のことがすごく心配になりました。

あんなに仲がよかった彼女を失うなんて、彼は大丈夫だろうか、と。

それで、彼に会いに行くことにしました。

「やあ……、その、大丈夫か？」

「……うん」

出迎えてくれた友人は僕の問いにうなずきましたが、どう見ても大丈夫そうには見えません。顔は真っ青だし、やつれているし、髪もとかしていないし、ひげも剃《そ》っていないんです。以前から痩せていましたが、この時はもうガリガリで、今にも倒れそうに見えました。

僕は来る途中で買ったプリンやゼリーなど、消化に良さそうなものを渡しながら、元気出せよ、なんて月並みの言葉しかかけられませんでした。

「今すぐじゃなくていいからさ。自暴自棄になったりするなよ」

「うん……」

「ゆっくり時間かけていいから、前に進まなきゃ……。じゃなきゃ、彼女さんも安心できないだろ」

「うん、でも俺、しんどいよ」

友人はぽろぽろと涙を流してうめきました。彼の気持ちはよくわかったものの、同時に僕には「視《み》えて」いたんです。

ベッドに座って、友人の方をニコニコしながら見ている彼女の姿が。

もちろん生身の人間ではありません。半透明で、全体的に色が薄いところからして、幽霊なのは明らかでした。

幽霊になって、彼女は僕の友人のもとに戻ってきていたのです。二人で暮らしていたこの家はきっと、彼女にとっても思い出がたくさん詰まっていたことでしょう。ベッドにちょこんと座りながら、彼女は彼のことをとても愛《いと》おしそうに見つめていました。

ああ、本当に彼が好きなんだな、と僕は感じました。

普段はこういうことを自分から相手に伝えることはないんですが、この時ばかりは教えてあげたい気持ちになったほどです。「彼女、ここにいるぞ。ニコニコ笑いながら、お前のことを見守ってるぞ」って。

でも僕が言葉を発しようとした時、それより早く彼女が口を開いたんです。

『ねえ、いつ死ぬの？』

「……っ⁉」

僕は思わずぎょっとしてしまいました。空耳だと思いたかったのですが、確認する術《すべ》はありません。

霊感のない友人には当然その声も聞こえておらず、ただただだうなだれながら泣いていました。

『ねえ、いつ死ぬの？』

再び彼女が言いました。微笑《ほほえ》みながら、彼のことだけを見つめたままで。

穏やかで、優しくて、少し茶目っ気のある口調でした。まるで普段のデートで「ねえ、今日はどこに行くの？」と聞くような……。

僕は彼女のことが気になってたまりませんでしたが、露骨に反応することもためらわれました。

下手に騒いで、友人が不審に思ってしまってもよくありません。結局僕は彼女なんて視えていない態《てい》で、ただ友人を慰めることにしました。

「なあ、元気出せよ」

「うん、でも……」

「いつまでもへこんでたら、みんな心配するだろ。みんなって言うか……」

「あいつも心配するかな」

「あ、当たり前だろ……」

そんなやりとりの間にも、亡くなった彼女がベッドの上でずっと言っているんです。

「ねえ、いつ死ぬの？」「いつ死ぬの？」って。

僕はもう意味がわからなくて、ただ混乱するばかりでした。

この時、もし彼女が憎らしげな顔をしていたら、まだ理解はできたんです。殺意に満ちた目で彼に対して呪いの言葉を吐いていたのなら、「ああ、外から見ていた僕たちにはわからなかったけど、二人にも色々あったんだろうな」なんて納得したかもしれません。

でも彼女はとても楽しそうに微笑んでいて、僕の友人が好きで好きでたまらないのが伝わってきました。

結局、僕はこの時、友人に彼女のことを言えないまま、少ししてから帰途につきました。

それでもやっぱり彼は大事な友人です。どうしても気になってしまって数日後、僕はまた彼の家に行きました。

「いらっしゃい」

その数日の間にも、いろんな人が彼のもとを訪ねていたようでした。

彼はもう泣いてはおらず、顔色も数日前よりは少しよくなっているようでした。ぎこちないものの笑顔も戻ってきていたので、僕もホッとしたものです。

でも部屋に招かれた瞬間、僕は総毛立ちました。

ベッドの上には彼女が相変わらず座っていて……でも前回とは違って、少しも笑っていませんでした。

イライラしているような、すごく不満を覚えているような……とにかくゾッとするような目で彼だけを凝視して、「いつ死ぬの？」「いつ死ぬの？」「ねえ、いつ死ぬの？」ってずっと言ってるんです。

こんなこと、友人に伝えられるはずがありません。

どうしたらいいんだ……と途方に暮れつつ、僕はとても気になってしまいました。……なんで彼女はこんなことを言うんだろうって。

「なあ」

僕は友人に聞いてみました。

「彼女、病気だったんだよな？」

「ああ、だいぶ前からな。しばらく通院して、薬飲んでたらよくなるかもって話だったから、一緒に暮らしてた。でも半年くらい前、いよいよそれじゃダメだってことになって、入院してさ」

「お前、毎日のようにお見舞いに行ってたもんな」

「そりゃ大好きだったからな。……いろんな話をしたなあ。退院したらどこに行こうとか、何を食べようとか」

懐かしそうに微笑む彼女と、ベッドの上ですごい形相をしている彼女を見比べながら、僕にはある考えが浮かびました。

「なあ……もしかしてお前さ。彼女が亡くなる前に、『お前が死んだら、俺も死ぬよ』みたいなこと言った？」

恐る恐る尋ねた僕に、彼は少し考えてから、こくんとうなずきました。

「うん。……いなくなっちゃうのが寂しくて、寂しくて……そういうようなことを一度言った」

しゅんと肩を落とし、彼は切なそうに窓の外を見ました。

「でも本当に、こんなにすぐ死んじゃうとは思わなかったんだよ」

……ああ、そうか。

僕はやっと色々とわかった気がして、何も言えなくなってしまいました。

彼女は亡くなってからも、その言葉を覚えているんでしょう。だからニコニコ笑いながら、大好きな彼が自分のところに来てくれるのを楽しみに待っていたんです。

いつ来てくれるのかな、今日かな、明日かな、ううん、今すぐかも。

そんなことを考えながら、ベッドの上でその時を心待ちにして……。

「でも、いつまでもへこんでたら、あいつも心配して成仏できないよな」

ですがその時、彼はふっと自嘲気味に笑いました。

「ハヤトモたちもこうやって遊びに来てくれるし、俺も早く元気にならなきゃな。あいつの分まで、俺は頑張って生きないと」

それは多分、世間一般的にはすごくいい言葉だったと思います。彼のご両親や友人たちも、そうやって前を向こうとする彼のことを頼もしいと思ったでしょう。

でも僕には視えていました。

彼の言葉を聞いて、鬼のような形相に変わった彼女の顔が。

『ねえっ、いつ死ぬの⁉』

ずっとベッドの上にいた彼女がいきなりバッと立ち上がりました。

『いつ死ぬの？　ねえ、いつ死ぬの？　いつ？　ねえ、ずっと待ってる。早く死んでよ。ねえ、早く死んで！』

彼女は一直線に彼に近づいて、思い切り彼の胸元あたりを押しました。

いや、違います。かわいらしく叩《たた》いたわけではなく、彼女の右の拳が手首辺りまで、彼の身体の中に埋まったんです。

「う……ううううっ！」

その瞬間、突然彼がその場に倒れて、ジタバタ暴れながら苦しみだしました。歯を食いしばって、苦痛にうめく彼の上に、半透明の彼女が馬乗りになります。

『ねえ、いつ死ぬの？　ねえ、いつ死ぬの？　早く死んで。ねえ、早く。早く早く早く』

その右手は彼の身体《からだ》に埋まったままです。

心臓だ、と僕は震えながら気づきました。彼女の手は多分、今、彼の心臓をわしづかみにしているのだと。

彼女はどんなに彼が暴れても、その上で微動だにせず、心臓をつかみ続け、「いつ死ぬの？」「ねえいつ死ぬの？」と延々と問い続けます。そのうち、彼はもう呼吸もできなくなって、けいれんもだんだん弱くなっていって……。

目の前でそれを見ている僕はもう、彼女が怖いのと、このまま友人が死んでしまうのではないかという恐怖とで、ぐしゃぐしゃに泣いてしまいました。

なんとかしたいんですが、僕は幽霊が視えるだけで、触れられるわけではありません。お祓《はら》いができるわけでもないので、できることと言ったら彼女に頼むことだけです。

「お願いします、離れてください。こいつから離れてください」

必死にそう頼みますが、彼女には僕の声なんて聞こえてなくて、いつ死ぬのかと彼に尋ね続けるばかりでした。

僕は泣きながら、とにかく必死で救急車を呼んで、後はひたすら彼女に許しを請い続け……そうこうしているうちに救急車がやってきて、彼は病院に運ばれていきました。

結局彼は一命を取り留めました。

その日は僕が病院まで付き添い、駆けつけた彼のご両親に色々と説明をしているうちに、あっという間に時間が過ぎました。

友人の容態は回復しましたが、あの時いきなり苦しみだした原因は結局わからなかったそうです。いくら検査をしても、数値的には異常なし。多分、恋人を失った過労や精神的なショックによるものだろうと医師に言われたようです。

二日後に彼は退院することができました。そしてその数日後、僕が彼の家に行った時にはもう、彼女の姿は消えていたんです。

定位置だったベッドの上にも、他の場所にもいません。

自分のしたことを後悔したのか、彼はこちらに来てくれないと悟ったのか、何か全然違う理由があったのか……。

僕は彼女が悪いとは言いません。怖かったのは確かですが、何から何まで全て彼女が間違っているとは思えないんです。

彼女はただ、彼の言葉を信じただけです。彼がたった一度気休めのように口にした言葉を、彼女は純粋に信じて心待ちにしていたんでしょう。

本心じゃないなら……本当にそうする覚悟がないなら、決して「命」をかけるような言葉は発しちゃいけない。

僕はこの時の体験から、強くそう思うようになりました。

いい人

あなたのそばに「いい人」はいますか？

誰にでも好かれるような人。誰からも信頼される人。いつもたくさんの友人に囲まれていて、いつも楽しそうに笑っている人。

不機嫌な顔をせず、他人に親切な人は自然と周りから信頼され、それがまた他の人を惹《ひ》きつける。……そういうものなのかもしれませんね。

今回は僕の古い友人が体験した、そんな「いい人」の話をさせてもらいます。

＊　＊　＊

生き霊、というのはどこにでもいる。

茅野《かやの》にとって、それは呼吸するのと同じくらい当たり前のことだった。

フィクションの世界ではたいてい不実な恋人を呪ったり、恋敵を呪ったりしているが、そんなおどろおどろしいモノは滅多にいない。

茅野の視界に映る生き霊は「思いの強さ」そのものと言ってもいい。

他人に対する「好意的な思い」が強いと、生き霊は温かな光の粒となって現れる。

無数の光が集まって本体に似た形を作るが、それはさらさらと流れ、また形を作り、また流れ……そして好意を持つ人の周りにそっと寄り添うのだ。

人気のあるアイドルや俳優、スポーツ選手などは圧巻だ。人によっては数十人……いや、数百人単位の生き霊が憑《っ》いている。あまりにも多いと、それぞれの顔を判別することは不可能で、多くの人を惹きつけている有名人の魅力に感嘆するばかりだ。

（でも）

売り出したばかりのアイドルとなると、ファンもまだ少ない。場合によっては、生き霊の顔も正確に判別できてしまう羽目になり……、

「おわっ、茅野、起きろ起きろ！」

「へ……うわっ」

慌てたような声が近くで聞こえ、茅野ははっと我に返った。目の前で火にかけていたフライパンから焦げ臭い煙が上がっている。

「やっべ！」

慌てて火を止めたので大惨事は免れたが、匂いは「香ばしい」の範疇《はんちゅう》には収まりそうにない。

「す、すみません」

「どうした？　ほんとに目を開けたまま寝てたのか？」

ぼんやりしていた茅野にいち早く気づき、声をかけてくれた男性が苦笑した。

ざっくりとした生地の白シャツに黒いズボン。頭にキノコ模様の帽子をかぶったペンギンがプリントされたエプロンを身につけている。

このパスタ店、「キノペンパスタ」のマスコットキャラだ。

同じエプロンを今、茅野も身につけている。高校時代、友人と毎週のように通ったパスタ店の味が忘れられず、ついに大学生になった時、ここでバイトすることに決めた。

「……これはキノペンパスタの味じゃねえ」

スプーンですくったソースをひと舐《な》めし、茅野はがっくりと肩を落とした。食べ慣れているからこそわかる。これは客に出せる代物ではない。

「新人の頃は誰だって失敗するもんだ。ほれ」

ぬっと男性が手を差し出してくる。戸惑う茅野の手からフライパンを預かり、新しいフライパンに取り替えた。

「これは俺が今日のまかないで食うよ。食材は無駄にできねえからな」

「いやいや悪いっすよ、三浦《みうら》さん。これは自分で……」

「新人はいいもんしっかり食って、いい味を覚えるのも仕事！　お前のまかないは俺が作ってやるよ」

「マジっすか！　三浦さんのパスタ、やっぱ一番うまいんすよね」

茅野が顔を輝かせたのを見て、周囲で働いていた面々が一斉に色めき立った。

「ずりーっ、三浦さんのまかない、俺も狙ってたのに！」

「私だって、そのために三浦さんとシフト合わせてもらったのに！」

「いや、伊丹《いたみ》、お前は仕事をちゃんとやれ⁉」

「やってます～。ホールの女王、名乗ってます～」

「ああ、もう騒ぐな騒ぐな！　全員分作ってやるから」

「いいいやっほおおう！」

「……っ、ははは」

にわかに活気づく厨房《ちゅうぼう》に、茅野は思わず声を上げて笑った。

全く、いい店だ。客として通っていた時も最高だったが、バイトとして働き出してからはますますその思いが強くなる。

裏の事情を知って幻滅したり、まかないを食べ飽きてしまうかもしれないと思ったこともあったのだが、働き始めて一ヶ月経《た》っても不満が一つも出てこない。

（それ、全部この人がいるからだよなあ）

皆の輪の中心にいる三浦をそっと見る。

店長は滅多に店に来ず、全てを従業員の三浦に一任していた。

調理も接客も、レジ打ちや仕入れなどの裏方業務も……それどころか、アルバイトの面接までも一手に引き受けているのだから、すさまじい。

いつも気さくで、どんなに忙しくても苛立《いらだ》つことは皆無。接客は丁寧だが、ごくたまにクレーマーが現れた時は自分が矢面に立ち、バイトたちを守ってくれる。

今、三十代前半だと他のバイトから聞いたが、自分が同じ年齢になった時、三浦のようになれる自信は全くなかった。

彼がいると、客にもバイトにも笑顔が増える。少しの不満は三浦がじっくり聞いてくれるし、業務上改善したほうがいいことはどんどん取り入れてくれるのだ。

ここで働いていて不機嫌になるほうが難しい。きっと誰に聞いても同じことを言うだろう。

「それで？　さっきは何をぼんやりしてたんだ？」

仕事に戻った茅野に、三浦がそっと尋ねてきた。声を潜めたのは、他の人に聞かれたくない話かもしれないと配慮してくれたからだろう。

その気遣いがありがたい。調理はすでに他のバイトがやっていたので、茅野は皿洗いをしながら苦笑いした。

「いやー、つい最近あった赤っ恥体験を思い出しちゃって」

「なに、面白そうじゃん」

「それが……ほら、俺、ちょっと霊感あるって前に話したじゃないですか。生き霊とか

「お聞いた聞いた。すげーよな、その特技」

よく視《み》るって」

三浦は茅野の話を聞いても、疑わしそうな顔は少しもしなかった。それでいて過剰に持ち上げたり、しつこく聞いてくることもない。

……話したいならいくらでも聞く。話したくないなら、何も聞かない。

その距離感は茅野にとって新鮮で、とても居心地のいいものだった。

「……で、この前ライブに行ったんですよ。『High-cute』って今、売り出したばかりのアイドル五人組なんですけど、俺、そこの一番端で踊ってる神添《かみぞえ》ミシカって子のファンで、いやアイドルヲタとか、いい歳《とし》して何やってんだって感じなんですけど」

「んな早口で言い訳しなくても笑わねーよ。いいじゃん、好きなんだろ？」

「……はい」

霊感の話同様、アイドルの話をしても三浦は少しも馬鹿にしなかった。

それが演技じゃないことは空気で伝わってくる。彼はただ何の先入観もなく、茅野自身の話を聞いてくれるのだ。

（ほんと、マジいい人）

茅野はホッとしながら話を続けた。

「そのミシカっちの後ろに視ちゃったんすよ、生き霊」

「え、なにそれ。なんかやべーやつ？」

「俺」

「へ？」

「俺の、生き霊っす。めっちゃいい笑顔で、キラキラ光ってました……」

「……っ、ふ」

赤面した瞬間、隣で三浦が咳《せ》き込んだ。腕で口元を覆い、なんとか堪《こら》えているが、耳が真っ赤だ。

ここに自分たち以外誰もいなかったとしたら、彼は大声で笑っていただろう。

「じ、自分の生き霊？　見たの？　そういうのも見えるもんなの？　し、しかもめっちゃ笑顔なの？」

「そんなに肩を震わせながら聞かないでくださいよ！　俺だって、あちゃーって思ったんですって！　視えましたよ、はっきり。自分がミシカっちを見てる時、どんな顔をしてるのか、自分でバッチリ確認しちゃいましたよ」

「くくくっ、そりゃー確かにパスタも焦がすわ。やっぱ茅野、おもしれーな、お前」

「笑いすぎっすよ、三浦さん！」

一応噛《か》みついたが、こうやって笑ってもらうのが一番ありがたかった。今までこの類いの話ができるのは、同じくらい霊感がある高校時代の友人だけだったから。

「ははは、……おっかし。ほんとにはっきり見えるんだな、生き霊とかって」

目尻に浮かんだ涙を拭い、三浦はなおも笑いながら言った。

「なら、さ」

「三浦さん？」

「そういう生き霊、俺にも憑いてる？」

「……っ」

その瞬間、茅野はなぜか猛烈に緊張感を覚えた。

ひゅっと喉が鳴り、とっさに顔を背けそうになる。

……だが思いとどまった。

ぐっと足に力を込め、茅野はへらっと顔を崩して笑った。

「……あったりまえじゃないっすか。もうキラキラのギラギラっすよ」

「お、マジで？」

「生き霊って別に恋愛感情は関係ないっすからね。三浦さんの後ろにも俺、いますよ。ここのバイトの奴《やつ》らは全員いるし、常連さんも。あと、よくわからないけど、じーさんばーさんもいっぱい？」

「へえ、休みの日、近所の老人ホームでボランティアしてるから、それかな」

「うわっ、そんなこともやってるんすか。働きすぎて身体《からだ》壊さないでくださいよ！」

「へーきへーき、ちゃんと息抜きはしてっから。こうしてバイトの話を聞くふりして、サボったりもしてるしな！」

おどけたように肩をすくめる三浦に、茅野もつられて吹き出した。

と、その時だ。

「三浦さーん、お客さんから差し入れもらいましたー」

「今行くわー……おーっ、タナカサン、久しぶり〜！」

レジの方でバイト仲間の伊丹の声がした。三浦は気さくに返事をすると、そちらに歩いていく。去り際に茅野の肩を叩《たた》き、ねぎらうことも忘れずに。

厨房からこっそりレジの方を見てみると、ぴしっとスーツを着た男性がニコニコ笑いながら三浦に高級洋菓子店の包みを渡すところだった。

この店ではよく見る光景だ。いろんな常連客が差し入れを持ってくるため、業務用冷蔵庫の一角にはいつも何かしらのスイーツが冷えている。

「みんな、三浦さんに会いに来てるんだよな」

談笑する彼らを見ながら、茅野はぽつりと呟《つぶや》いた。

先ほど一瞬胸をついた不安を振り払うように、ぐっと胸元で拳を握り、皿洗いに戻る。

「あの人、やっぱすげーいい人だ。公平だし、優しいし、みんなに好かれてるし、俺も好きだし」

そう、それは間違いない。茅野自身も彼と出会えてうれしいと心から思っている。

だから……だから、これは多分、何でもないことなのだ。

「……なんで三浦さん、一人も憑いてねーのかな……」


『憑いてないの？「いいの」が一人も？』

その夜、電話口で友人のハヤトモが不思議そうな声を上げた。

高校時代からの友人で、数少ない「視える」仲間だ。

出会った時から不思議とウマが合い、高校を卒業してからもしょっちゅう電話やSNSで連絡し合っている。

こんなことがあった、こんなモノを見た、と報告するだけでも楽になれることが多く、お互いに相手の存在は必要不可欠だ。自分では答えが出せないことも、彼と話していると不思議と落ち着いて考えを整理できる。それゆえ、三浦の話をしてみたのだが、

「やっぱ、お前もそういう反応かー」

不思議そうな友人の声でますます謎が深まってしまった。

ここで彼が「ああ、そういうことよくあるよね」と言ってくれたらよかった。「俺も以前、誰も憑いてない人を見たよ」とうなずいてくれたら、これはよくあることだと思

えたのに。

『いや、多分いると思うよ。人との関わりを極力絶ってて、好意を持たれることもなく恨みも買わないような生き方をしてたら、いい生き霊も悪い生き霊も憑かないだろうし。……でもその先輩は、いい人なんだよな？』

「ああ、マジでみんな、めちゃくちゃ慕ってるんだって！　何なら俺の生き霊が憑いててもおかしくないくらい」

『でもゼロなのかあ……』

「憑いてる？　って聞かれて、思わず口からでまかせ言っちゃったわ。きっと誰か該当するだろって思って、とっさに『じーさんばーさんの生き霊も憑いてます！』って言ったら、それが的外れでもなかったみたいで、多分三浦さん、あれ、信じただろうな……」

『お前なあ。それはエセ占い師がよくやるやつだろ。そういうのは絶対やるなって！本当の話をする時に信じてもらえなくなる』

「普段はぜってえ言わねえよ！　それくらい焦ったってこと。……しかもさ」

『何？』

「三浦さんのオーラ、俺、よく見えねえんだよな」

『…………』

いよいよ友人が沈黙したため、茅野はさらに不安になった。

これらは自分たちが会話の中でよく使っている単語だ。「生き霊」は人間から放出される想《おも》いを指し、「オーラ」はその人自身の有りようを指す。

暖色のオーラが全身を包んでいる人はたいていの場合、精神が安定していることが多い。多少の困難が降りかかっても、持ち前の柔軟さやポジティブ思考で乗り越えていける。

また、胸の辺りを何層ものオーラが覆っている人は、なかなか自分の本心を他人に明かさないという印象を受けた。

だが、「オーラ」で人の善《よ》し悪《あ》しは測れない。慎重な性格ゆえに他人を思いやれる人はたくさんいるし、おおらかなオーラを持っていても無神経で、他人を傷つけてしまう人もいるだろう。

茅野は確かにオーラが見えるが、その人のついた嘘《うそ》や、これまでの悪事がわかるわけではないし、思考が読めるわけでもない。

曖昧なものなのだ。

オーラも、生き霊も。

ただ茅野はそのオーラを見て、なんとなくその人となりを判断する癖がついていた。

だからなのだろう。

皆から慕われているにもかかわらず、生き霊もオーラも見えない三浦に少しだけ違和感を覚えるのだった。

『でもいい人なんだろ？』

電話口で友人が尋ねる。

茅野は大きくうなずいた。

「そこはもう間違いない。俺、ガチで信頼してる」

『じゃあ、それでいいんじゃないか？　オーラが見えない人だって、この世にいないわけじゃないだろうし』

「まあな。俺らがたまたま、今までそういう人に遭遇しなかっただけかもしれないよな」

言いながら、茅野は自分の言葉にうなずいた。

改めて考えてみたら、これはごく当たり前のことだ。普通は皆、他人と向き合い、言葉や態度からその人となりを知っていく。

自分の話をし、相手の話を聞き、距離感を測りながら仲良くなったり、喧嘩《けんか》したり、仲直りしたりしながら絆《きずな》を深めていくのだろう。

「みんな、オーラが見えない分、努力してるんだよな」

『そうそう』

「そういうのがたまたま最初から見えてたせいで俺、相手を理解することを怠けてたかも。オーラが見えないなら、その分、ちゃんと本人を見て判断すればいいよな」

言葉にすればするほど、それしかないと思えてきた。

もしかしたらこれは霊感に頼り、横着してきた自分に対する戒めのようなモノなのかもしれない。

神になのか、自分自身の深層心理なのかはわからないが、ちゃんと相手と向き合うことを促されているなら、そうするべきだ。心配しなくても自分は三浦を心から信頼している。このままもっと知っていけばいい……。

そう考え、茅野は友人との電話を切った。


それから数ヶ月が経った。

相変わらず茅野は大学とバイトに追われる日々を送っていた。

普通ならばヘトヘトになるだろうが、茅野はむしろ絶好調だ。真面目に大学に通い、その後、バイトで身体を動かしたり三浦たちと談笑したりすることでよい気分転換になる。

それでまた集中力が増し、大学の講義も熱心に受けられる。成績は上がり、教授の覚えもめでたく、さらにバイトのシフトを増やしたことで給料も上がる。

何もかもが順調だった。

「ちわーっす」

ある日のこと、バイトに行った茅野は更衣室のドアを開けた瞬間、目をしばたたいた。

「……そっか、うん……ははっ、いや気にしなくていいって」

三浦が誰かと電話をしている。

邪魔しちゃ悪いと出ていこうとしたが、いち早く茅野に気づいた三浦が笑いながら首を左右に振った。「こっちのことは気にしなくていい」の合図だろう。

ありがたくロッカーを使わせてもらい、バイト用の服に着替えながら、茅野はなんとなく三浦の声を聞いていた。

「こっちのことは気にしないで。俺が代わりに入っておくから。何か、栄養のあるものでも買っていこうか？　……はは、遠慮しなくていいのに。……ああ、わかった。じゃあまたね」

「誰っすか？」

電話を切った三浦に尋ねると、店の子機を揺らしながら彼は言った。

「伊丹さん。体調不良だって」

「あ？　またっすか」

思わずその言葉が口をついた。

伊丹は茅野より数ヶ月だけ先輩で、ホール担当の女の子だ。いつも元気いっぱいで常連客の顔もすぐに覚え、皆からの評判もよかった。笑顔が魅力的で何度か客から電話番号を渡されたりしていたが、本人は全部断っていたはずだ。茅野から見ても明らかなほど彼女は三浦を慕っており、いつも「三浦さん」「三浦さん」と三浦の後をついて歩いていた。

……だが、そういえばここひと月ほど、伊丹の顔を見ていない。

シフトが合わなくなったと言うよりは、体調不良や欠勤が続き、バイト自体に来ていないようだ。以前はお互い、ほぼ毎日のように会っていたというのに。

「働きすぎて具合悪くしちゃったんすかね。あいつ、確か一人暮らしでしたよね。平気かな」

「今電話して、差し入れを持っていこうかって聞いたけど断られたわ。遠慮しなくていいのにな」

「確かに。ここにいる時はガンガン三浦さんに絡んでたのに、変なとこで遠慮するんすね。これが乙女心ってやつ？」

「ははっ、何だ、それ」

「いや三浦さんもわかってたっしょ。あいつ、三浦さんに惚《ほ》れてるじゃないっすか」

「……まあ、ね」

「それよりさっきの電話で、伊丹の代わりに自分が店に出るって言ってませんでした？　ダメっすよ、三浦さん、働きすぎですって」

「大丈夫大丈夫、俺は絶好調よ」

「そんなこと言って……知ってますよ。最近、バイトやめる奴とか休む奴、多いじゃないっすか。その代役、三浦さんが全部引き受けてて、全然休めてないでしょ」

　茅野は三浦にびしっと指を突きつけた。

「早く新しいバイト雇ってくださいよ。何人か、面接希望が入ってるんでしょ？　三浦さんは今日、事務所でその人たちの履歴書でも眺めててください」

「うう……お前、この数ヶ月でしっかりしてきたなあ。もう俺が教えられることなんてなにもねえよ……」

「まだまだ覚えますよ。三浦さんに恩返ししないと」

　三浦にニッと笑顔を向け、茅野は更衣室を出た。三浦を休ませるためにも、自分が伊丹の分まで働かなければならない。

　やるぞ、と自分に言い聞かせつつ、そこでふと違和感を覚えた。

（そういえばさっき、電話を切る直前……）

　栄養のあるものでも買っていこうか、と三浦が言った時、電話機の向こうから金切り声のようなものが聞こえた気がした。

「……ま、気のせいだろ」

もしくは羞恥心《しゆうちしん》からくる声だろう。体調不良で化粧もしていない時、憧れと好意を抱く相手から「家に行く」と言われたら、誰だって悲鳴の一つくらい上げるはずだ。

そうとしか思えない。

……そう信じて、疑わなかったというのに。

「……嘘、だろ」

そのひと月後のことだった。

最近、三浦が休みがちになっていた。どうしたのかな、大丈夫かなと皆、気にかかり、店長に住所を聞いて見舞いに行こうかと話していた矢先のことだった。

開店準備中、この日はシフトに入っていなかったはずのバイト仲間が一人、ふらふらと店にやってきた。

そこで、皆を集め、あまりにも信じがたいことを告げたのだった。

「な、んだよ、それ……」

自分の声がどこか、遠くの方で聞こえた。足下がぐらぐらと揺れ、めまいが一向に治まらない。

自分が立っているのか座っているのかもわからず、ぼんやりと周囲を見回そうとした瞬間、足がもつれた。

「……っ」

がくんと膝が崩れ、近くの棚に向こうずねを思い切りぶつけた。

……だが不思議と痛みはなかった。完全に感覚が麻痺《まひ》している。

「や、やばいこと、してたって」

集まったバイト仲間の一人が泣きじゃくりながら言った。

誰も彼もがひどい顔だった。全員、何が何だかわかっていない顔をしている。

「ご、ご、強姦《ごうかん》、だって……三浦さん、伊丹を……いや、伊丹、だけ、じゃなくて……」

彼はこの日、最近休みがちだった伊丹のもとに見舞いに行き、そこでやつれ果てた彼女から打ち明けられたのだという。

……ある日、信じていた三浦に遊びに誘われた。皆も来ると言うから向かったが、そこには三浦と、柄の悪い彼の仲間しかいなかった。そして彼ら全員に、無理矢理性行為を強いられた。

「ひ、被害者、何人もいる、って……サワダも、ミホも、カワベさんも……ぜ、全員、それでやめたって。サワダ、家から出られなくなってて……ミホは、じ、自殺未遂って」

「……ま、まてよ。だっておれ」

床にへたり込み、茅野はぼんやりと呟いた。

「だって俺、一ヶ月前、三浦さんが伊丹に電話かけてるの、聞いてて……。普通、だったぜ？　声、とか、表情とか、全部、全然普通で……心配してて……え？　……嘘だろ。だって……だってそれじゃ、あの人、あのとき」

自分が強姦した女性に電話をかけていたのか？

いつもどおりの明るい声で。

いつもどおりの親しげな雰囲気で。

「悪意みたいなのは全然感じなかったぜ！　何かの間違いだって！」

「でも！　い、いっぱいいるって言うんだ！　ま、まともに喋《しゃべ》れない奴らもいっぱい！

……で、でも何人かは闘うって……それで警察に行くって……！　だからバイトはやめるって言われて！　お、俺、伝言頼まれて！　俺だってわかんねーけどさあ！」

「あの人がそんなことするわけねえだろうが！　あんないい人なんだぞ！」

「ここで怒鳴ったって仕方ねえだろ！」

「うるせえ、お前だって慕ってたじゃねえか！」

にわかに辺りが騒然となる。

あちこちでつかみ合いが始まり、悲鳴のような泣き声も上がった。

あり得ない、あり得ない、あり得ない。

そう思うのに、気づいてしまう。

今、ここにいるバイト仲間たち……その中で古参と呼べるほど長く働いているのは、(男、ばっかだ)

女性のバイト仲間は皆、やめていった。気づいたらいなかった者が大半で、三浦に聞いたら「大学が忙しいって」「他のバイト先を決めたって」「実家に帰ったらしいぞ」とその都度いろんな話を聞かされ、全てまるごと信じていた。

だって、三浦が言ったのだ。

誰よりもいい人で、誰よりも尊敬できて、誰よりも信頼していた三浦がそう話してくれたから。

「……で、でんわ、でんわかけよう」

茅野は震える声で言った。

ピタリと皆の動きが止まる。

急いで茅野は自分のスマホを取り出し、皆に見せながら言った。

「直接話聞こう。なにか……なにか事情があったんだって。いや、わかんねえけど、なにかさ。……なんか、俺らにはわからない事情が。だって……だってそうとしか考えられないじゃん？　あの三浦さんだぜ。みんな、信じようぜ！」

全員の視線を痛いほど感じながら、茅野はスマホを操作した。

コール音が何度か響く。出ないかもしれない、という思いと、出てほしい、という思いが脳内を入り乱れ、考えが一向にまとまらない。

――ルルル、ルルル……ル。

と、その時、呼び出し音が止まった。

さわさわと環境音がスマホの向こうから伝わってくる。

「あ、の……みう、みうらさ……すか」

声が裏返る。

喉がカラカラでうまく喋れない。

スマホを落としそうになりながら、茅野はぎゅっとスマホを耳に押し当てた。

「おれら、あの……あの、はなし、話聞いて、どうなってんのか、わか、わかんなくて、あの、なんか……なんか事情とか、きけ、たらって、その」

『おー久しぶり』

「……え」

その時、スマホの向こうから三浦の声がした。

明るく、穏やかな声が。

いつもどおりの、三浦の声が。

『わりーけど行くとこできちゃったんだわ。戻ってきたら連絡するから、今度また飲みに行こうや』

「え」

『やっぱ肉かな。魚もいいけど、大学生ならやっぱ焼き肉がいいよな。おすすめの店、予約するから楽しみにしとけよー』

――プツン。

そこで電話が切れた。

「なん、すか、それ……」

普通なら動揺するはずだ。

今更ではあるが自分のしでかした罪の重さを自覚したり、被害者への謝罪を口にするはず。

仲間たちに自分の悪事がバレたのだから、弁解する者もいるだろう。見苦しく言い訳をしたり、うろたえて被害者の落ち度を指摘する者もいるかもしれない。

三浦がそうした卑劣さを見せていたら、腹は立つが、まだ納得できた。なんてことをしたんだと激しい怒りをぶつけ、なじり、人としての有りようを非難できただろう。

だが、

（全然、変わらない、とか）

全身が総毛立っていた。

先ほどまでとは違う種類の恐怖が茅野の全身を縛り、締め上げてくる。

――アレハ、チガウ。

その思いが身体を満たした。血の気が引き、貧血に陥ったように目の前が暗くなる。急に襲ってきた吐き気とめまいを感じながら、茅野はカタカタと震える身体を止められずにうずくまった。

「……あれ、ヒトじゃ、ねえよ……」

＊　＊　＊

いかがだったでしょうか。これが友人から聞いた話です。

友人と電話で話した後、「いい人」だと思っていた先輩は逮捕されたとのことでした。もう全部バレていて、これから自分がどうなるのかも察していて……それなのに、いつもどおりの声で平然と電話で話したそうです。

事件が発覚した後、友人が僕のところに泣きながら電話してきて、僕もその話を知りました。

今でも僕の耳には彼のうめき声や悲鳴のような泣き声がしっかり残っています。

……何も気づけなかった。何でわからなかったんだろう、と後悔の言葉を繰り返す友人の泣き声が。

……友人のように霊感のある人間にもオーラが見えない人間がいる、というのは僕にとって衝撃的なことでした。

どんな人が「ソレ」に該当するのか、正直僕にもわかりません。僕自身は友人の言っていた先輩を見ていませんし、彼とは違い、悪事を働かず、普通に生活している人もいるかもしれません。

ただ自分の欲求や動物的本能……頭の中の計画を遂行するためなら、他人の人生なんて平気で踏みにじることができる。そんな人間もいるのだと僕は知りました。

映画やドラマの世界だけじゃなく、今、僕たちが生きているこの現実の世界に……。

友人や僕は普通の人には見えないオーラが見えますが、それでも相手が自分たち以上の「カイブツ」なら、簡単に騙《だま》されてしまうんです。

見えているオーラなんてたかがしれているし、「自分には何でも見えている」なんて錯覚です。相手を信じすぎて肯定すれば、その自分の言葉を信じた他の人が被害にあう可能性も捨てきれません。

自分を過信することも、何か出すぎた真似《まね》をすることも慎まないといけない……。

友人と二人で、そのことを胸に刻んだ一件でした。

決して後味のいい話ではなく、被害にあった方々の傷も癒えていません。

それでもこの時の無力感を忘れないために、今回お話しさせてもらいました。

皆さんもどうか気をつけて。

相手がしてくれたこと、かけてくれた言葉、向けてくれた笑顔……。それらは本当にかけがえのないものだと思いますが、直感もどうか大事にしてください。

——あれ、なんかおかしいな？

そう感じた時、自分の深層心理は相手がかぶっている「いい人」の仮面の奥に潜む「本性」を感じとっているのかもしれませんから。

違和感

皆さんは「定位置」ってありますか？

家でも屋外でも、どこでもかまいません。よく行く場所で、よく座る席。なんとなくその位置に座ることが習慣になっていて、たまたま別の席に座ってしまうと、ちょっと落ち着かない気持ちになったり、違和感を覚えてしまったり……。

今回はそんな「違和感」についてお話しさせてもらいます。


当時、僕は高校に電車通学していました。

結構距離があったので、家を出るのはかなり早い時間帯です。その路線の始発駅から数駅のところが最寄り駅だったので、朝はたいてい座れました。

端の席に座れば、両隣を知らない人に挟まれることもありません。僕はいつも長い座席の一番右側を確保して、イヤホンをして音楽を聴いていました。

ただ電車の揺れと、自分の好きな音楽がそろうと、とても眠たくなるんですよね。ある日も僕は乗車中に熟睡してしまって、次に起きた時、電車がどの辺りを走っているのか、わからなくなっていました。

外の景色から判断できればいいんですが、あいにく僕が乗っていたのは地下鉄です。今みたいにドアの上に電光掲示板――車内案内表示装置と言うそうですが――があるわけではなかったので、僕はただただ焦るばかりでした。

やばい、やばい、寝過ごしたかもしれない。今どこだろう。

何か手がかりはないものかと、キョロキョロと車内を見回します。

――○○駅から乗ってきて、自分の正面の席に座ることが多い恰幅《かっぷく》のいいおじさんはもういる。

――××駅でいつも降りる子供を二人連れた女性はもう降りてしまったようだ。

……そんなところから、電車が走っている場所を推測していた時でした。

（……あれ？）

僕はふと違和感を覚えました。

最初は何が気になったのか、わかりません。この時、車内はそこそこ混んでいて、座席は全て埋まり、座れなかった人たちは吊革《つりかわ》につかまったり、ドア付近に寄りかかったりして立っていました。

――ガタン、ガタン、ガタン。

この路線を走る電車は結構揺れることで有名だったので、立っている人たちは当然揺れます。

でもその中に一人、ぽつんと立っている男性がいたんです。

僕の座っていた長い座席のちょうど対角線の先……向かい側の席の一番端に「その人」は立っていました。スーツ姿の会社員が多い中、その人も同じようにスーツを着て、よく会社員が持っている平べったい鞄《かばん》を手にしています。

奇抜な格好をしていたり、特徴があったりすれば別ですが、さすがに高校生の僕にとって、スーツ姿の男性は全員同じ顔に見えます。

この時も、本来なら違和感を覚えるはずがなかったのですが、なぜか僕は彼が気になりました。

――揺れていないんです。

揺れの激しい車内で、誰も彼もが吊革につかまったり、どこかに背中を預けたりしてバランスを取っているというのに、彼だけはピタッとその場に静止していました。

ただこの時の僕にとっては、それよりも今、電車がどこを走っているのかを知ることのほうが大事でした。

他に何か、ここがどこなのかを知るヒントはないかと反対方向に目を向けて……、

「……っ！」

さっきまで離れたところにいたスーツ姿の男性が、今度は僕の目の前にピターッと立っていたんです。

……ああ、これ、亡くなってる人だ。

ここでやっと僕は気づきました。そうかそうか、亡くなっている人が視《み》えちゃってたのか、と。

幽霊だったら電車の揺れに影響されることもありません。直立不動だったのもうなずけます。

謎が解けたことで、僕は逆に安心してしまいました。幽霊が視えること自体はよくあることですし、危険な存在はそうそういませんから。

それよりも僕はあちこちを見回したおかげで、次の駅がちょうど僕の下車駅だとわかったことのほうが重要でした。

寝過ごしていなくてよかった。よし、降りる準備をしよう……。そんなことを考えながら、ふと左隣を見た時でした。

「……っ」

僕の前に立っていた幽霊の男性が、今度は僕の左隣の席に座っていたんです。

僕は長い座席の一番右側に座っていたので、左側の座席に誰かが座ることはよくあることだったんですが……。

(あ……)

そこでふと僕はかすかに既視感を覚えました。そういえばこの幽霊の人、ひと月ほど前までは何度か、僕の隣に座っていた気がします。亡くなってからも、こうしてスーツを着て朝から電車に乗っているなんて、よほどそれが彼の生活の「一部」になっていたんでしょうね。

その人は僕の方は一切見ず、正面をじいっと見ていました。

座ってからも、立っていた時と同じように微動だにせず、背筋をピンと伸ばして。

……で、穏やかな声で「ここだ」って言ったんです。うん、やっぱりここだな、と言うようなくつろいだ声音で。

――ファーン。

その瞬間、乗っていた地下鉄が駅のホームに滑り込みました。

ホームの明かりで車内もさらに明るくなります。

すると隣に座っていた幽霊は消えていて、僕の隣には全然別の人が座っていました。

その人もスーツ姿の男性で……最近、この車両によく乗ってくる人でした。

少し横柄で、両足を思い切り広げて座るので、彼が隣に座る時はよく窮屈な思いをしたことを覚えています。

彼は僕がじっと見ていることに気づいたのか、「ああ？」とすごんできました。

トラブルになったら嫌だな、と思って、僕は慌てて「すみません」と会釈をして、そそくさと電車を降りたんです。

……で、何事もなく、高校に行って、普段どおりに授業を受け、友達と遊んだりして家に帰りました。

不思議なのはその日以来、両足を目一杯広げて座るサラリーマンを朝の電車で見なくなったことです。

単に車両を変えたのか、通勤時間を変えただけかもしれません。

ただ、僕は少し思うんです。

あの時、僕の目には彼と幽霊の男性が重なったように見えました。まるで、「定位置」の取り合いをしたような感じで……。

同じ時間帯に、同じ電車の同じ車両に乗る二人のサラリーマン。

一人は生真面目で、一人は横柄。

二人はもしかしたら、同じ席を密《ひそ》かに取り合っていたのかもしれません。

少し前までは生真面目なサラリーマンの定位置だった席に、横柄なサラリーマンが座るようになってしまった。

でも生真面目な人は席を譲ってほしいなんて言えるわけもなく……幽霊になってから、やっとそこに座ることができたのかも。

ここだ、と呟《つぶや》いた時の、男性の満足そうな声が今でも少し耳に残っています。やっとここに座れたぞ。やっぱりここが落ち着くな、と。

座席争いに負けた横柄なサラリーマンはもうあの電車には乗れなくなってしまったのかもしれません。

何も確証はないのですが、ふとそんなことを思った一件でした。

病の理由

皆さん、こんにちは。

今日は芸人になってから二年目の頃、僕の身に起きたお話をさせてもらいます。

当時、僕は心霊絡みのお仕事をいただくことが増えていました。「視《み》える」という話が広まると、じゃあ実際に視てもらおう、となることが多いんですね。

僕も恐怖体験がしたいわけではないのですが、仕事をいただけるのはすごくありがたいことです。今は仕事を選ぶより、何でも引き受けて視聴者の方に顔を覚えてもらいたい。頑張って経験を積んで、この業界で生活していけるようになりたい……。その一心でスケジュールが被《かぶ》らない限り、どんな仕事でも受けるようにしてきました。

今日はどこそこのお寺に行って、曰《いわ》く付きの品を見せてもらう仕事。次は心霊番組のコメンテーターの仕事。その次は……と本当に何でもやりました。

そして夏のある日、心霊スポットへ行くロケの話をいただいたんです。ネットの番組でしたが、夏ということもあって、番組を観《み》ている視聴者がゾクゾクするような怖い場所に行こう、ということになったんですね。

ちょうど日帰りできる距離にいい場所がある、と番組のディレクターに言われたので、僕は数人のスタッフと共に現地に向かいました。

自然の残る牧歌的な町をロケバスがぐんぐん進みます。曲がりくねった坂道を登って、さあ着いた、と言われたのは確かにとても雰囲気のある場所でした。

ちょうど住宅街を一望できる高台の中腹だったでしょうか。雑草と落ち葉がこんもりと積もった一角に、ぽつんと病院が建っています。いえ、どちらかというと「診療所」と言ったほうがしっくりくるかもしれません。

まるで一軒家のようにこぢんまりとした家屋でしたが、窓ガラスは埃《ほこり》で曇り、ドアは外れていました。壊れたドアから風雨が吹き込んだせいもあるのか、室内も砂や落ち葉だらけで、備品類は倒れ、埃だらけでした。

「夜逃げでもしたみたいですね」

「悪霊に襲われて医者たちが逃げ出してたら面白いんだけどな」

カメラマンやスタッフがそんな不謹慎な軽口を叩《たた》きながら、おっかなびっくりあちこちを撮影していきます。

僕は部屋の奥にもう一つ内扉があることに気づき、そっとドアノブを回してみました。

ぎい、と錆《さ》びた音を立てるドアを開けると、そこは小さな部屋でした。脚が折れて斜めに傾いたベッドが一台と、埃まみれの棚が一つ。大きな窓はありましたが、曇っていため、昼間でも薄暗く、空気がこもっていて不気味な印象です。ここにお化けが出るぞ、と言われたら、大半の人は納得してしまいそうなほど、心霊スポットっぽい場所でした。

……でも、何もいませんでした。

僕にはそれがよくわかります。雰囲気こそそれっぽいものの、ここはただの廃墟《はいきょ》のようでした。

「ここ、いませんよ」

カメラの回っていないところでそっと耳打ちすると、現場責任者の男性はすごく嫌そうな顔をしました。

「えぇっ、困ったなあ。それじゃ番組にならないよ。夜に来たら、また違ったりしない？」

「夜だけここに通う幽霊とかじゃない限り、多分、昼も夜も同じだと……」

「うーん、じゃあ適当に『いる』ってことにできない？　ちょっと演技してもらって」

「そういうことはちょっと」

いないものを「いる」と口で言うのは簡単です。ただ、一度それをしてしまったら最後、何かあった時に僕の言葉は一切信用されなくなるでしょう。

親父《おやじ》からも常々そう言われていましたし、僕も「視えること」を仕事にするようになってから、その部分で嘘《うそ》はつくまいと心に固く決めていました。

それもあって、じゃあどうしよう、と「いないこと」を前提にした話し合いが進み、結局は診療所内の撮影と、そこで過去に起きた出来事をドキュメンタリー風に仕立て、心霊番組として仕上げることになりました。

僕も感じたまま、見たままを伝えさせてもらって、じゃあお疲れ様でした、またお願いします、とスタッフさんたちと別れ、家に帰ったわけです。

……で、その翌朝でした。

起きた時から、どうも身体《からだ》の調子が悪く、僕は首をひねりました。胃が重いし、吐き気がすごいし、身体の節々が痛む。

日帰りとはいえ、仕事で遠出したので疲れているのかもしれません。変なものを食べた記憶はないが、何かの消費期限がすぎていたのかもしれないし、どこかで風邪かなにかをうつされてしまったのかも。

色々と考えましたが、特に思い当たる節はありません。ただ市販薬を飲んでみても、横になって休んでも一向によくならなくて、さあ困ったぞ、と僕は頭を抱えました。

この日は大事なライブがあったんです。参加者同士がバトルライブ形式で勝敗を競って頂上を決めるもので、僕もずっと出たいと思い続けていました。

これを欠席するのは嫌だ、多少具合が悪くても行こう、と心に決めて家を出ましたが、数歩も歩かないうちに僕はその場に倒れ込んでしまいました。

とにかくおなかの調子が悪すぎました。つばを飲み込むだけでも嘔吐《おうと》感がせり上がってきて、まともに喋《しゃべ》ることもできません。おまけにどっと冷や汗が吹き出し、喉がカラカラに渇いてしまって頭痛がひどい。完全に脱水症状です。

這《は》うようにして家に戻り、熱を測ったら三八・九度ありました。しかも体感的に、まだだ上がりそうな気配がします。あんなに熱望していたライブも無理だと悟ってしまうほどの体調不良。

これはさすがにまずいと察して、僕はよろよろしながら病院に行きました。待合室でもめまいを起こして倒れてしまい、急いで病室のベッドに寝かされ、腕に点滴の針を刺され……意識を取り戻した後で、僕はお医者さんから自分の病状を聞かされました。

「腸炎ですね。つらかったでしょう」

「うわ、ウイルス性ですか？」

「ウイルス性かどうかはちょっと検査に日数がかかるんですが、ひとまず入院しましょう」

お医者さんに即日入院を勧められるくらい、危ない状態だったみたいです。

そうなってやっと僕自身も実感が湧いてきて、わかりました、よろしくお願いします、と覚悟を決めて、入院することになりました。

ただ当たり前ですが、入院したからといって、すぐに腸炎が治るわけではありません。僕の場合は一週間の断食で、しばらくは水しか飲んではいけない、と言われました。その水ですら、一口飲むだけでおなかが猛烈におかしくなってトイレに駆け込まないといけない状態になるので、入院直後は飲めません。しばらくは点滴で身体に栄養を入れ、自分の治癒力に頼るしかないと言われました。

寝返りを打っても気持ち悪い。ぜいぜいと息は切れるし、おなかは痛いし、寝続けているので背中や肩も痛くなるし。

点滴のおかげで空腹感がないことだけが救いでしたが、それに感謝する余裕がないくらいきつい日々が続きました。

でもそんな苦しみも入院してから四、五日経《た》つと、だいぶ治まってきます。断食は続けないといけないけれど、脱水症状はないし、腹に何も入れなければ、調子もさほど悪くない。

そうなると、今度はやることがない状況がつらくなるわけです。

病院では大部屋に入院していましたが、周りの患者さんたちもきつそうな様子だったので、気軽に話すこともできません。誰もが自分のベッドを囲むように設置された間仕切りカーテンで自分のプライバシーを守っていたので、僕も基本的には常にカーテンをしたまま、ベッドに横になっていました。

するといよいよやることがない。

だから、つい昼寝をしてしまう。

そうすると、今度は夜に寝られなくなる。

……悪循環です。しばらくはお笑いのネタを考えて夜を明かしていたわけですが、確か入院六日目の夜、それにもいき詰まってテレビをつけることにしたんです。

周囲の迷惑にならないよう、イヤホンをつけて適当にチャンネルを替えていたところ、有名な心霊番組をやっていました。視聴者の心霊体験やネットでの恐怖体験をドラマ仕立てで紹介し、めまぐるしい展開と背筋が凍るようなストーリーが視聴者を惹《ひ》きつける人気番組でした。

心霊体験には事欠かない僕もその番組が大好きで、これはいい、早速観よう、とそれ以後チャンネルを替えることなく、心霊番組を観始めました。

それから十分ほど経った頃でしょうか。病室のドア付近でふと、かたん、と音がしました。

看護師さんです。

僕は点滴から栄養を取っていたので、夜でも看護師さんが点滴の入れ替えや点検で、時々様子を見に来てくれるんです。

皆が寝静まった大部屋に、看護師さんの静かな足音が響きます。

パタパタ……シャッ。

勢いよくカーテンが開けられました。

僕が寝ていると思っていたのか、看護師さんは大雑把な仕草でカーテンを引き、

「ふわあっ」

小さいながらも、はっきりと恐怖に満ちた悲鳴を上げました。

僕は僕でその悲鳴に驚きましたが、すぐに理由を察します。深夜の病院で一人、心霊番組を観ている患者がいたら、そりゃあ看護師さんもびっくりするに違いありません。

看護師さんはしばらく固まっていましたが、やがて「あぁ……」と安堵《あんど》に似たため息を漏らし、僕の方に近づいてきました。そして無言でパパッと点滴を取り替え、そそくさと病室を出ていったんです。

ああ、悪いことをしたなあ、と僕も反省しました。深夜に怖がらせてしまったな、申し訳ないな、と思って、その日はテレビを消して眠ることにしました。

たっぷり昼寝をしてしまったのだから、なかなか寝られないに違いない。そう思ったのですが、なぜかこの日はベッドに横になった瞬間、ぐうっと下の方に引っ張られるような睡魔に襲われ……僕は一瞬で眠りについていました。

その夜、僕は夢を見ました。

そこは小さいながらもこぎれいな部屋でした。そばの棚には一輪挿しの花が飾られていて、開いた窓から吹き込んだ風でカーテンが舞っているのが見えました。うららかな日曜日の昼間のような、「平和」そのものといった景色。でも僕にそんな美しい景色を楽しむ余裕はありませんでした。

夢の中なのに、猛烈な腹痛が襲ってきます。

それに加えて、呼吸が苦しくて、喉が渇いて、頭も痛くて痛くてたまらない。瞬《まばた》きするだけで目も痛いし、唇はガサガサに乾いて切れるし、呼吸するだけでカラカラになった喉が引きつって、弱々しい空咳《からぜき》が止まりません。なんとか寝返りを打てば、肩や背中、腰まで神経がむき出しになっているようにズキンズキンと痛み、うめいても叫んでも楽にはなりません。

自分の感覚では七転八倒するような激痛ですが、実際には身体に力が入らず、寝返りを打つだけでもまるで芋虫になってしまったように、のたのたとしか動けませんでした。

夢なのに。

本来、明確な痛みや苦しみは感じないはずなのに。

それなのに僕は自分が死ぬのだと悟り、恐怖し、脱水症状と腹痛に苦しみ、一刻も早くこの苦しみから逃れたいと願っていました。

誰か、誰か、誰か。

——ダレカ、タスケテ。

……そんな夢でした。

その数日後、僕は無事、退院することができました。元々、日が経つにつれて症状は改善していたので、この退院は当然のものと言えるでしょう。

ただ、なぜか僕は泣きそうなほど感動してしまって、お医者さんや看護師さんに何度も頭を下げました。

「ありがとうございます、助けてくれてありがとうございました、本当に……本当にありがとうございました！」

気の利いた言葉も言えず、ただひたすら感謝する僕にお医者さんたちがちょっと苦笑いしていたことを覚えています。

「大げさだなあ。まあ、入院は必要でしたけど、元々命に別状のある病気じゃなかったんですから」

「ハヤトモさんは若いし、体力のある男性なんですから、ちゃんと寝てたら治るものなんですよ」

「でも無事に退院できてよかったです。しばらくはおなかにいいものを食べてくださいね」

そんな温かい言葉をたくさんかけてもらって、はい、ありがとうございます、気をつけます、とべそべそと半泣きになりながら僕は頭を下げました。

そこでふと、見送りに来てくれた看護師さんの中に「例の方」がいたことに気づいたんです。

僕が深夜に心霊番組を観ていた時、点滴を取り替えに来てくれた看護師さんです。あの日以来、点滴を取り替えるのは別の看護師さんになったので、僕はこの方とお話しできていませんでした。

「あの時はすみませんでした」

僕は彼女に近づいて頭を下げました。

「夜に心霊番組なんて観てる患者さん、普通はいませんよね。驚かしてしまってすみません」

「い、いえいえ、違うんです！」

「違う？」

てっきり「いいんですよー、気にしないでください」みたいな言葉が返ってくるだろうと思っていた僕は戸惑いました。

不思議がる僕に気づいたのか、看護師さんは素早く僕の周りを見回して、なぜかホッとしたように笑顔になりました。

「あの時驚いちゃったのは、ハヤトモさんが心霊番組を観ていたからじゃなくて……いえ、あれはあれで怖かったんですけど。……あの時にやっていたのが女の子の幽霊が出てくる放送だったじゃないですか」

「そうでしたっけ？」

そう言われてみればそうだったような……と僕は自分の記憶を引っ張り出しながらうなずきました。

「確か廃病院に肝試しに行った大学生が、そこで亡くなった女の子の幽霊に取《と》り憑《つ》かれるような話……でしたっけ」

「それです、それです。七歳くらいの女の子の幽霊の」

「そうでしたね」

「それで、ですね……いたんです。その子と同じくらいの年齢の女の子が、ハヤトモさんのベッドの上に」

「……え？」

何を言われたのかわからず、ぽかんとした僕に対して、看護師さんは鳥肌が立った両腕を自分の手でしきりにさすっていました。

「ハヤトモさんの隣にちょこんと座りながら、面白そうにテレビを観ていたんです。私、びっくりしてしまって『うわあ！』って思わず下がっちゃって……でももう一度見直したら、いなくなっていたので、とにかくハヤトモさんの点滴だけは取り替えないと、って、その一心で」

「ああ、そうだったんですね」

僕の反応が予想と違っていたのか、信じてもらえなかったと思ったのか、看護師さんは「本当にびっくりしたんですよ！」なんて力説してくれました。

その時はちゃんと信じていることを伝え、それでも驚かせてしまったことを謝って、僕は病院を退院しました。

……この話はこれでおしまいです。結局そのあと、特に変わったことは起きていません。腸炎が再発することもなく、看護師さんが見たという「女の子」を僕が視ることもなく。

そのせいで僕自身、今もまだちょっと実感が湧いていない部分があるかもしれません。僕は幽霊に触ることも、お祓《はら》いすることもできないので、その時の体調やタイミングによって視えなかったこと自体は特に不思議ではないんですけれどね。

今思うと、心霊スポットのロケが原因だったのかもしれません。

廃墟化していた小さな診療所……。あの日、僕には何も視えなかったんですが、ネットでは「昔、ここで亡くなった小さな女の子の幽霊が出る」場所として有名なところでした。

あの日、僕が視えなかっただけで、その女の子はちゃんと診療所にいたのかもしれません。そして悪気なく僕についてきちゃったために、僕まで具合が悪くなってしまったのかも……。

腸炎というのは子供の死亡率がとても高いそうです。苦しんで、苦しんで亡くなってしまった女の子……入院中に僕が見た夢は彼女が実際に体験したことなのかもしれません。大人の僕ですらつらかった腸炎がもっともっと悪化して、命を落としてしまったのかも。

それでもずっと診療所に留《とど》まっているのではなく、僕についてきて……まあ、僕を多少悪化させてしまったとしても……テレビで自分と同じような女の子が出てくる心霊番組を観て、ちょっと楽しかったりしたのかな、なんて思うわけです。

そして完治した僕の身体を通して、彼女もちょっと楽になって成仏できていたらうれしいな、とも思っています。退院後に姿を視ていないだけで、あの子はまた診療所に戻ったのかもしれませんが。

それはそれとして、仕事だろうとなんだろうと、心霊スポットに向かう時はもっと気をつけないといけませんね。人より少し「視える」だけで、何の対応策も持たない僕にとっては、危機管理について少し考えさせられる出来事でした。

今の誰？

数年前、僕にはお付き合いしている女性がいました。人が大勢いるところでは少し人見知りするタイプでしたが、二人でいる時はよく喋《しゃべ》り、いろんなことによく気づいてくれる子でした。

「ハヤトモ、その服新しいね。似合ってるよ」

「昨日観《み》たテレビで、今週はハヤトモ、運がいいんだって」

「芸能人の○○さんが健康にいいって紹介してたお茶を買ったの。ハヤトモにも分けてあげるね」

一緒にいる時はいつもその子——仮に厚子《あつこ》とさせてもらいます——が喋り、僕は「うんうん、そうなんだ」「わあ、ありがとう」なんて相づちを打つことが多かったように思います。

当時、ありがたいことに僕はあちこちからお仕事をいただけるようになってきていました。少し広いマンションに引っ越し、心機一転、頑張るぞ、なんて意気込んでいたのですが、自分で予想していた以上に忙しくなってしまって……。

朝から深夜まで仕事が入っていたり、明け方に仮眠をちょっと取っただけで次の仕事に向かうことになったり、ということも頻繁《ひんぱん》にありました。せっかく新しい家に引っ越したのに、寝るために帰ってくるようなていたらくです。洗濯や掃除に手が回らないため、家の中はどんどん荒れていってしまいました。

そんな僕を見かねたのか、秋頃から厚子はよく僕の家に来てくれるようになりました。一ヶ月に一度だったのが一週間に一度になり、それが三日に一度になり……。

冬が来る頃には「ハヤトモがいない時に掃除しておくよ」なんて厚子の言葉に甘えて、僕も彼女に合鍵を渡すようになりました。

仕事から疲れて帰ってくると、厚子が駆け寄ってきます。温かい料理を作ってくれていて、お風呂も沸かしてくれていて、衣類もいつも洗濯済みでした。

ああ、こういうのってすごくうれしいなあ、としみじみと思ったものです。まだまだ頑張らないといけない身ですが、こうやって誰かと一緒に暮らして、仕事をする意味が「自分のため」から「誰か大事な人と自分のため」に変わるのもアリかもなあ、なんて。

でも、その頃から厚子は次第におかしくなっていったんです。とげとげしくなったというか、言葉や態度がキツくなってきたというか……。

僕がお笑いライブ後に仲間と飲んでから帰ると、厚子が玄関で待っています。

「遅かったね」

「ごめん、寝ててくれてもよかったのに」

「打ち上げ、誰が来たの？」

「メールにも書いたけど、○○と××とかだよ」

「とか、じゃなくて、誰？　女の人もいた？」

「今日は出演者が男だけだったから、いないよ」

「……『今日は』？　じゃあ、私に言ってない飲み会の時はいたんだ？　それ、いつ。正直に言って」

「言葉のあやだよ。厚子には全部話してるよ」

真剣に説明しても、厚子はちっとも納得してくれません。仁王立ちしたままなので、僕も玄関のたたきから廊下に上がれず、靴も脱げずにまごまごするだけでした。

「で、何食べてきたの？」

「え、普通に居酒屋で飲んだだけだよ。よくある感じの……唐揚げとかだし巻き卵とか」

「唐揚げ？　今、何時かわかってる？」

「何時って……」

「十一時！　夜の！　こんな時間に揚げ物なんて食べたら、身体《からだ》に悪いに決まってるじゃん。そんなこともわからないの？」

「えっと……ごめん」

「私に謝ってどうするの？　もう食べちゃってるんでしょ。それ、全部毒に変わるよ」

「…………」

「あーあ、これでまた明日のメニュー、考え直しだ。中性脂肪を減らす料理にしないと。今日、買ってきた食材、全部無駄だ。あーあ、もったいない！　あーあ！　ああああ！」

そんな風に言って、ぱっと身を翻して台所に駆け出すと、本当に冷蔵庫の中身を出して、ゴミ箱に捨てようとします。僕は慌てて後を追いかけて、必死に謝るばかりでした。

——勝手なことしてごめん、いつもありがとう、明日は早く帰ってくるよ、厚子も、厚子の料理も好きだから、いつも本当に感謝してる、だから落ち着いて……。

最初は「離して！」と興奮していた厚子はやがていったん静かになり、すぐにワンワンと泣き出してしまいました。

「私はちゃんとやってるのに！　ハヤトモのために毎日頑張ってるのに！　何で勝手なことばっかりするの！　もういや！　こんなのもう全部いや！」

一度こうなってしまうと、僕はもう厚子が落ち着くのを待つしかありません。朝から深夜までぶっ通しで仕事をしてヘトヘトでしたが、何時間も背中をさすったり、言葉をかけたりして……結局明け方、厚子が泣きつかれて眠った頃にはもう次の仕事に行かないといけないため、一睡もしないまま家を出ることもありました。

家の中はとてもきれいでしたが、精神的には一人暮らしの時よりも追い詰められていた気がします。毎日毎日、仕事中も頻繁に厚子から連絡が入るので、休憩時間になるたびに急いで返信し、マンションに帰る時は「今日は厚子の機嫌がいい日ですように」なんて祈るようになってきていました。

そうこうするうちに厚子はますます情緒不安定になっていったんです。仕事で数時間スマホから目を離しただけで不在通知が五十件以上あったり、留守電がいくつも入っていたり、メールも大量に届いていたり。

家で一緒にいても、小腹が空《す》いてスナック菓子を食べようとすれば「そんな身体に悪いもの食べちゃダメ！　何で何度も言わせるの？」とたたき落とされ、厚子が自分の足にこっそり塗ったマニキュア（ペディキュア、というんでしょうか）に気づかなければ、「私にはもう興味ないんだね！　じゃあ生きててもしょうがないし、首吊《つ》って死ぬ！」なんて号泣される始末です。

仕事中も「ここに決めようかな」なんてメールと同時に、ドアノブに梱包《こんぽう》用のビニール紐《ひも》を結び、自分の首にかけた写真を送ってきたり、「買い物中～。丈夫な紐、どこかにないかな～」なんて留守電が入るようになりました。

僕もさすがに限界で、「今日、家に帰ったら厚子が首を吊ってるんじゃないか」なんて不安が頭から離れませんでした。

春先のある日も些細《ささい》なことが原因で、厚子はかんしゃくを起こしてしまいました。少し前までは僕が何時間も付き合えば次第に落ち着いてくれたのですが、この頃はもう、それすらも難しい状況でした。

背中をさすろうとすれば「人殺し！」と罵られ、壁に自分の頭を打ち付けるので、止めようとすれば「DVだ！　殺される前に死んでやる！」と暴れられ……。

それでも黙って見ていることはできないので、困り切った僕は警察に連絡しました。

「すみません、自宅で自殺しようとしている人がいるので来てもらえませんか」と。

相当切羽詰まった様子を感じたのか、すぐに女性警官の方が来て、厚子を落ち着かせてくれました。

ただ警察官から見ても、やっぱり厚子の様子は普通ではなかったのでしょう。泣きつかれて眠ってしまった厚子を布団に寝かした後、やんわりと僕に言いました。

「本当にこのまま付き合い続けるつもりですか？」

「それは……」

「誰が悪いというわけではなく、相性というものがあります。今の環境がかみ合わなくなっていることも……。そういう時に無理して一緒にいると、お互い不幸なことになるかもしれません」

「……そうですね」

民事不介入ということもあるからか、警察官もはっきりと「こうしなさい」とは言いませんでした。

でも彼女が言わんとしていることははっきり伝わりましたし、僕もここが限界だな、と思いました。

厚子にはすごく感謝していましたし、いい思い出もたくさんありましたが、これ以上一緒にいても僕にできることが思いつきません。逆に、僕がいることで厚子を刺激し続け、いつか手遅れになってしまう日が来る気がして怖かったんです。

警察官にはお礼を言って帰っていただき、明け方、起きてきた厚子に別れを切り出しました。ものすごい修羅場になるかも、と思っていましたが、意外にも厚子はすんなりうなずき、「今日出ていく」と合鍵を返してきたのです。彼女自身、制御できないほど暴走する自分の感情に疲れ切っていたのかもしれません。

ちょうど仕事のない日だったこともあり、二人で厚子の荷物をまとめて、彼女の車に積み込みます。一人で車を運転させるのは不安だったので僕も同乗して、厚子の実家まで行き、そこで荷物を下ろすのも手伝いました。

ここでもやっぱり厚子は落ち着いていて、「じゃあね」「元気でね」とありふれた挨拶を交わして別れました。

……あんなに壮絶だった数ヶ月間が嘘《うそ》みたいだな。でも厚子が納得してくれてよかったな、と僕もまた自分の生活に戻っていきました。独り身になったさみしさはバリバリ仕事をすることで紛らわせよう、なんて思いながら。

……ただ、それからです。僕の家でどうにも不可解なことが起きるようになったのは。

当時、僕は自宅の一角を動画撮影用のスタジオにしていました。今はいろんな動画配信サイトがありますから、そこに投稿する映像を撮れるように、環境を整えておいたんですね。

心霊に関係のある書籍が映り込むような棚を作ったり、そばに照明を置くスペースを作ったりして、自分なりに工夫しつつ、見栄えがよくて居心地がいい場所にしていました。

そこで僕一人が喋ることもありましたが、ゲストをお招きすることも多々ありました。オーラを見てほしい、とか、こんな心霊現象にあったんだけど話を聞いてほしい、なんて相談されたら、「それじゃあ僕の家にどうぞ」と気軽に提案します。自宅にスタジオがない場合は会社の会議室を予約したり、レンタルスペースを自分で借りる必要があったので、この「配信スペース」のおかげで僕もゲストを迎えやすくなりました。

お呼びするのは同業の芸人だったり、僕の友人だったりすることもありましたが、女優さんやアイドルの女の子の時もありました。

……厚子と別れてすぐの頃でしょうか。二人のゲストをお招きすることがあったんです。一人は映画監督。もう一人は彼の映画に出演していた女優さんです。昼間は普通に会社で働きつつ、休日に女優業をされているとのことで、毎日忙しく頑張っているようでした。

映画の内容がホラー寄りだったこともあり、「じゃあ映画の宣伝も兼ねて、ハヤトモにオーラを見てもらおう」となったようで、僕も仕事の依頼は喜んでお受けすることにしました。

「お邪魔しまーす」

よく晴れた春先の午後、映画監督と女優さんがマンションにやってきました。

「ああ、こんにちは。道、わかりましたか?」

「わかりました、わかりました。この辺、落ち着いてていいところですね」

「そうなんですよ。夜も静かで過ごしやすくて。駅までちょっと距離があるのが難点なんですけどね」

そんな風に雑談しつつ、二人を配信スペースに案内します。ソファーに座ってもらってカメラをセットし、撮影をスタートさせました。

「……はい、始まりましたー。今日のゲストはこの方々です!」

「初めましてー。○○です! ……はい?」

「……？」

にこやかに挨拶してくれた女優さんが突然、誰かに呼ばれたように後ろを振り向きました。もう撮影は始めてしまっていたので、いったん録画を停止させ、僕と映画監督は不思議に思って彼女に声をかけました。

ただ意外なことに、僕たち以上に彼女のほうが困惑していたんです。

「今の、誰？　誰かが肩を叩《たた》きましたよね？」

「えっ、僕たち以外、誰もいませんよ」

「またまたー。監督とハヤトモさんで何か仕組んだんでしょ？　番宣用のドッキリとか」

「もしそうだったら撮影は止めませんって。むしろ今のリアクションこそ撮りたいじゃないですか」

「あ、そっか……」

女優さんはそれでもまだ不思議そうな顔をしています。よほどしっかり肩を叩かれたのでしょう。

僕はてっきり彼女の隣に座っていた監督がこっそり腕を伸ばして、後ろから彼女の肩を叩いたのかな、なんて思いました。そうすれば、彼とは全然違う誰かの仕業に思わせられますから。

でも監督もまた心当たりはないようでした。むしろ自分の自己紹介直前だったため、早く撮影し直したい雰囲気です。

「ああ、これかもしれません」

その時、僕はちょうど彼女の後ろに小さな置物が落ちているのに気づきました。棚に置いてあった友人の海外土産です。きっとそれが何かの拍子に棚から落下し、女優さんの肩に当たったのでしょう。

そんな風に全員が納得し、撮影を再開させました。

その後は特におかしなこともなく、僕は彼女のオーラを見させてもらって、監督が映画の宣伝をして、この日は終了となりました。

途中で出前を取ったり、雑談を挟んでいたこともあり、二人が帰る頃にはすっかり外は暗くなっていました。

僕は二人が玄関の方に向かう気配を感じながらも、ちょっと機材の片付けに手間取っていたんです。

ああ、いったんここは放置して、二人を見送りに行かないと……。そんな風に思った時でした。

「きゃあっ！」

玄関の方で女優さんの悲鳴が聞こえました。

慌てて向かうと、玄関から一歩出たところで女優さんが尻餅をついています。

「ちょっと、ハヤトモさんー、何するんですか」

彼女は外の方を振り返りながら、そんなことを言っていました。

「大丈夫ですか？」

「え……ええっ？」

女優さんはまるで僕がマンションの外廊下から室内に瞬間移動したと思ったように、何度も家の外と僕を見比べました。

「今の、ハヤトモさんじゃなかったんですか？」

「今のって何ですか？　僕、ずっと部屋で機材を片付けてましたけど……」

「じゃあ今、私のパーカーのフードをグンってひっぱったのは……」

「僕じゃないですよ」

家の中にいた僕が玄関の外から彼女のフードを引っ張るなんて不可能です。そもそも仮に僕が外にいたとしても、女優さんの服を乱暴に引っ張るなんて絶対にしません。

「監督じゃないんですか？」

「するわけないでしょ。万が一、それで怪我《けが》させちゃったら大変じゃない」

「……確かにそうですね」

「え……でも思いっきりフードを引っ張られて私、ぐえってなったんですけど」

痛そうに首をさすりながら、女優さんが言いました。

確かに彼女はすっぽりと頭からかぶるタイプのパーカーを着ていて、後ろから引っ張られたせいなのか、首に赤い線ができていました。女優さんはまだ痛そうでしたが、僕たちの狼狽《ろうばい》ぶりから、こっちの言い分を信じてくれました。

「もしかしたら私が自分で、この辺の木の枝か何かに引っかけちゃったのかも。ほら、外廊下のこっちまで枝が伸びてるし。辺りが暗くて、気づかなかったとか」

「ああ、それなら確かに……。病院に行かなくて大丈夫ですか？」

「そこまでひどい感じじゃないので平気です。今日はありがとうございました！」

そんな風に挨拶をして帰っていく二人を見送り、僕は少し首をかしげながらも、そこまで深刻には考えませんでした。肩を叩かれたことも、服のフードを引っ張られたことも、一応は説明がついたせいかもしれません。よくあること、とまでは思わないけれど、まあ、こういうこともあるかな、くらいには納得できることでした。

……ただ、おかしなことはそれからも続きました。

その日以降もマンションには頻繁に配信ゲストや友人が来ましたが、女性が来た時だけ、決まっておかしなことが起きるようになったんです。

突然家の中でビシッ、バシッとラップ音が鳴り出したり、しっかり閉めたはずのクローゼットや棚のドアがいつの間にか少しだけ開いていたり、遊びに来た女の子が洗面所で手を洗った後、廊下を歩いていたら突然誰かに背中を突き飛ばされた、と訴えたり。

ある日、大学に通いながらモデルの仕事をしている女の子が来た時も、動画配信用の映像を撮っていると、突然騒音が響きました。

当時の我が家は配信スペースの真向かいが対面のカウンターキッチンになっていたんですが、シンクの上部に設置された棚から突然ザルやどんぶりが落ちてきたんですね。ただその棚はキッチン側に向かって作られていたこともあって、普通なら落下した食器はシンクに落ちるはずです。

でもこの時はまるで「S」の字を描くように、物理法則を無視した動きでカウンターを飛び越えて、配信スペース側に落ちてきました。

よほど勢いよく落下したのか、地面にたたきつけられたどんぶりが割れ、破片が配信スペースの近くまで飛んできました。「うわあ、びっくりした、怪我しませんでしたか？」と聞いた僕にモデルの子は引きつった顔でうなずきつつ、

「今の、誰？　なんか今、耳元で誰かが舌打ちした気がするんですけど……」

と言うのです。この日は僕とそのモデルの子しか家にいないはずなのに。

元々、自分の身に起きた心霊体験の相談をする目的で僕の家に来たこともあって、

「そういう話をしたから、さらに心霊現象を引き寄せてしまったのでは？」と怯《おび》えた彼

女は早々に話を切り上げて帰っていきました。

極めつけはその少し後の頃のことです。

僕の同期に放送作家の女の子がいるんですが、その子とアウトレットモールに遊びに行くことがありました。

その子の探していたブランドのアクセサリーもすぐに見つかり、僕も何点か気に入った服を買えたので、午前中で用事が終わってしまったんです。

「もう帰る？」

そう尋ねた僕に、彼女は首を振りました。買い物しつつ最近我が家で起きている不審な出来事について話していたのですが、彼女はそのことを考えているようでした。

「さっき話してくれたハヤトモの家の変な出来事、女性が来た時だけ起きるんだよね」

「うん」

「じゃあ今からあたし、行ってもいい？　ちょうど次の原稿のネタを探してたから取材させてよ。ご飯作ってあげるから」

彼女はそんな風に言って、にひひ、と笑いました。

別にこの子と恋愛関係にあったわけではありません。この子はとても料理がうまくて、他の同期も一緒に、よくごちそうになっていたんです。

久しぶりに彼女のメシが食えるのはいいな、それならぜひお願いしよう、と気軽に僕もうなずき、途中のスーパーで食材を買ってからマンションに帰りました。

彼女はもう、その時点で面白がっていて、「ふむ、玄関は特に異常なし」「ラップ現象は起きないね」「おーい、誰かいるなら、今が脅かし時だぞー」なんて言いながら家中を見て回ります。

僕も怯えられるよりはこうやって楽しんでもらえるほうが気楽なので、「騒ぎすぎだよ」とか「腹減りすぎたんで、そろそろご飯をお願いできませんかね」と笑いながら彼女に付き合っていました。

全てを明るく笑い飛ばしてくれたのがよかったのでしょうか。この日は特に変わったことも起きず、僕はホッとし……そして彼女は少し不満げな顔をしつつ、食事が終わると帰っていきました。

その翌朝です。突然その子から電話がかかってきました。

「おはよう、どうした？　うちに何か忘れ物でもした？」

『……いやさ、ちょっと話が』

風邪でも引いたのか、電話の向こうで彼女は何度か空咳《からぜき》をしていました。声も嗄《か》れているというか、ガサガサしていて、僕もちょっと心配になります。

「昨日、モールで風邪でももらっちゃった？　大丈夫？」

『いや、風邪とかじゃないんだけど』

「……うん？」

『起きたらさ、首が痛いんだよね』

「ああ、それじゃあやっぱり風邪なんじゃない？」

首が痛いってことは喉が痛いっていうことだよな、と思った僕に、電話の向こうで同期の女の子は言いづらそうに話を切り出しました。

『喉じゃなくて、首。起きたら、首がすごい痛くて』

「……首？」

『なんだろ、って鏡見てみたら、痕《あと》がついてるのよ。顎の下に、ピーって横線を引いたみたいな感じで』

「え」

『なんて言うのかな。一センチくらいの幅で、それが耳の後ろまで続いてて、首がすっごい痛いわけ。……こんなことというのはアレなんだけど、丈夫な縄で首を絞められたような……』

「…………」

絶句してしまった僕に、彼女は『うーん』と困ったようにうめきました。

『まあ、でもそれ以外は特に何もないからいいんだけど。これ以上続くなら病院かお祓《はら》いに行ってみるよ。ハヤトモの方は大丈夫？』

「あ……うん、僕は全然……。コレが起きるようになってからも、僕は何も見てないし、僕だけの時は何も起きないし」

『あー、それじゃあまあ、大丈夫かな。でもハヤトモも落ち着かないんじゃない？　あのマンション、結構賑《にぎ》やかなんだね』

「……え？」

何を言われたのかわからず、僕はぽかんとしてしまいました。電話の向こうでは同期の子が、あはは、と明るく笑っています。

『女の人の泣き声、すごかったじゃん。隣の部屋に住んでる人、失恋でもしたのかな』

「……なにそれ」

この時住んでいたマンションは閑静な住宅街にあって、昼も夜もとても静かな場所でした。繁華街が近くにあるわけでもないので、深夜に酔客が騒ぐこともなく、たまたま周囲のご家庭も夫婦だけが多かったのか、子供の泣き声も聞こえません。

当然、失恋して泣いている女性の声なんて僕は一度も聞いたことがないわけです。それにもかかわらず、同期の子にはずっと女性の泣き声が聞こえていた、と……。

それでも僕の家にいる間、彼女は「まあ、そういうこともあるだろう」と思ったため、その場では確認しなかったようでした。

『あとハヤトモ、いくら一人暮らしって言っても、冷蔵庫の整理はちゃんとしな。なんか腐ったものでも入れてたでしょ』

「え」

『賞味期限切れだったら捨てちゃおうと思って探したけど、特にそういうのはなかったから……。あたしが行く直前に捨てたんでしょ？　臭いって結構残るからねー。彼女ができたら、ああいうことでフラレるよ。……んじゃね』

友人としての助言はした、と満足そうに、同期の子はさっさと電話を切ってしまいました。残された僕は一人、困惑したままスマホを握りしめるしかありません。

……腐った臭い？　賞味期限切れのもの？

そんなものは入れていないし、ここ数日の間に捨てた記憶もありません。

なんだか妙に焦ってしまって、僕は急いでキッチンに向かい、冷蔵庫を開けてみました。

でも特に異臭はしません。冷蔵庫の中身を一つ一つ確認しても、臭いのきついものはありません。

……これは一体どういうことだろう。僕がおかしくなっているのか、彼女の嗅覚が変だったのか……。

「……うわあ」

ここにきて、僕はいよいよ認めざるを得なくなりました。

いえ、本当はもうずっと……この現象が起きた頃から薄々察していたことです。

束縛がキツくて、精神的に不安定になってしまって別れた元カノ。

厚子と別れてから、この家に女性が来るたびに怪奇現象が起きるようになっていました。

首を吊って死ぬ、と泣きわめいた厚子。

食材は全部捨ててやる、と暴れた厚子。

その件と、今回同期の子が聞いた「女性の泣き声」や「冷蔵庫の異臭」や「首についた赤い痕」が無関係とは思えません。

それ以前に我が家で怪奇現象にあった人たちも「パーカーのフードを引っ張られて首が絞まった」とか「割れた食器の破片が飛んできた」とか、元カノの騒動を連想できるような現象に遭遇していました。

ただ同期の子の身に起きたことが他の女性たちより強烈だったのは、もしかしたら「手料理」なのかもしれない、と思いました。他の人たちは仕事で我が家に来ただけでしたが、同期の子は僕の個人的な知り合いで、しかもキッチンで料理も作った。昔、厚子が毎日立ったキッチンで、僕が食べる料理を。

……それで厚子の生き霊が大変怒ってしまって、その怨念が同期の子に何かをしたのかも……。

全ては想像でしかありませんが、別れるまでの壮絶さがまだ忘れられなかった僕としてはゾッとしてしまったほどです。

もし次もまた同じことが起きたら。

その時に何か、取り返しのつかないことが起きてしまったら。

そう思ってしまうと、とても女性を家に呼ぶことなんてできません。コラボ動画のお話をいただくことがあってもお断りするか、別のスタジオを自費で借りて撮影するようになり、女性の友人を家に呼ぶこともできなくなり……それからしばらく経《た》ちました。

なんだかんだ、一年くらい経過したでしょうか。翌年の春先のことです。

僕が仕事に向かおうとして近所を歩いていた時、近くの一軒家から喪服姿の男女が出てきました。重い空気は漂いつつも、悲しみに押しつぶされるほどの悲嘆さはありません。何気ない会話をしつつ、家の前に呼んだタクシーに乗りこむ様子から僕は「多分、ご法事かなにかなんだろうな」と思ったものです。

ちょうどその家の真向かいで世間話をしていた女性二人がちらりとそちらを見て、一瞬黙ります。そしてタクシーが走り去るのを見届けたあと、同時にため息をつきました。

「……ああ、もうそんな時期……。早いわねえ」

「奥さんの方、落ち着かれたみたいね。よかったわあ」

「一時期は、ねえ……」

意味ありげな会話だなと思ったものの、僕は仕事もあったので、その時はあまり気にしませんでした。ただそれから一週間ほど経った頃、今度は別の家からも法事に向かう喪服姿の一家を見かけたんです。

法事自体は別に珍しいものではありません。故人の冥福を祈り、残された人たちが心に区切りをつけるためにも、法事を必要とする人は多いでしょう。

それでも立て続けに喪服の方々を見たせいか、僕はちょっと気になりました。

さすがに面識のない方々に突然話しかけることはできないので、それから少しして偶然大家さんとマンションの前で会った時、聞いてみることにしたんです。

「つい最近、近所で二軒、法事に行く方々を見かけたんですけど……」

「あー……そうか、ハヤトモくんはまだ入居して一年経ってないもんね」

大家さんは年配のご夫婦で、旦那さんの方はいつもマンションの周りを掃除してくれている気さくな方でした。

よく雑談もしていたので大家さんは僕を不審がることもなく、詳しく話してくれました。

「あんまり気軽に話せることじゃないけどねえ……。あっちのタナカさんのところは去年、お嬢さんが自殺しちゃってね。職場での人間関係がうまくいかなくて……ってことだったけど、痛ましかったねえ」

「そうだったんですか」

「で、向こうのミズノさんのところは確か奥さんだったかな。産後ウツだったか、旦那さんとうまくいかなかったんだったか、理由までは僕じゃわからないけど、おととしに確か……」

「な、なるほど……」

「あと、そろそろじゃないかな。タナカさんちとは逆の道の……そう、あの魚屋さんの真向かいのフジタさんちは三年前に、同棲《どうせい》中の彼女だったか婚約者だったかが自殺してね」

「えっ」

「みんな、自宅で首を吊ったって話だよ。いや、まあ立て続けって言うには時間が経ってるし、単なる偶然だろうけど」

「そろそろって言うからには、そのフジタさんのところでご不幸があったのもこの時期なんですか……？」

「そうそう。春って環境の変化とか五月病とか、色々あってそういう人が出やすいって言うから、そのせいなのかなあ」

大家さんはそれ以上、特に深刻になるわけでもなく、「お仕事頑張ってね」なんて声をかけてくれて、マンションに入っていきました。

僕はそれ以上何も言えず、一瞬仕事のことも忘れて立ち尽くしてしまいました。

……一年前のこの時期に別れた厚子。

出会った時は話し好きで献身的な、いい子でした。それから僕が忙しくなって、家に頻繁に来てくれるようになったのが冬にさしかかった頃。

それから三ヶ月かけて、厚子は少しずつ精神的に不安定になっていき、ついに春先には「自殺する」「首を吊って死ぬ」と取り乱すようになりました。

別れた後、彼女とは連絡を取っていませんが、共通の友人が厚子を気にかけていて、前年の夏頃に一度、その様子を僕にも教えてくれました。

曰《いわ》く、もうお前のことは吹っ切れたっぽくて、普通に暮らしてるよ、と。

あんなに僕に執着していたのに、別れた後はどん底まで落ち込むこともなく、ストーカーになることもせず、彼女は自分の生活に戻っていったとのことでした。

それ自体はとてもうれしいのですが、同時に少し不思議でもありました。

まるで「憑《つ》き物《もの》でも落ちた」ように、厚子は僕に何の未練もなくなったようです。

もしかしたら、この一年の間に我が家で起きていた心霊騒動は厚子の生き霊や強い念とは関係なかったのかもしれない、と僕はようやくその可能性に思い当たりました。

僕がこの時、住んでいた場所の周りには何かこう……「女性の精神状態をとても不安定にさせる」何かがあって、それが春にすごく強まることがあって、厚子や、命を絶ってしまった近所の女性たちはその影響を受けていた……。

そういうことなのかもしれません。

全員が示し合わせたように精神的に不安定になり、首を吊ろうとしたり、実際に吊って命を絶ってしまったりしていることを考えると、全部が偶然だとは思えないんです。

厚子もまた被害者だったのかもしれません。そして僕の家から遠ざかったことで、彼女は最悪の結末を迎えずにすんだのかも。

僕はそう思うようになりました。

それから少しして、僕はまた仕事で家に女性を呼ぶようになりましたが、春のような被害は起きていません。

来客の女性たちはたまにラップ音や人の声を聞くそうですが、それだけです。

春のみ、そして女性限定でそうした現象が起きるのであれば、この時期には絶対、女性を呼ぶのはやめよう。この家に住み続ける限り、万が一の用心を忘れず、客の見える場所にロープや紐のようなものを置くのはやめよう。

そう思った一件でした。

カーナビ

あなたは車を運転しますか？

運転する方なら今や、たいていの方がお持ちのカーナビ……便利ですよね。

目的地を入力すれば、最短距離を指示してくれるだけではなく、渋滞情報をキャッチして迂回《うかい》ルートを提示してくれたり、地図情報を自動で更新してくれたり。

ドライバーはストレスを感じることなく、最適なルートを通って目的地に着くことができます。

ですがこのカーナビに、絶対に言わないとされている一言が登録されていることはご存じでしょうか。

――バックしてください。

これです。

なぜ？　と思われた方も多いと思います。車の構造上、後ろに下がることはできて当然なのに。

ですが、ほら、先ほどお話ししたようにカーナビは渋滞情報や最新地図を取り入れて、ドライバーを目的地に運んでくれます。道を間違えてもそこからの最善ルートを教えてくれますから、バックする必要がそもそもない。そういう理由かもしれません。

でもこのカーナビが、ある一定の条件を満たすと、バックするように促してくる。

今日はそんなお話をさせていただきます。

僕の知人が昔、体験した不気味な出来事……どうか、あなたはこんな目にあいませんように。

＊　＊　＊

すがすがしい快晴の日だった。

少ししっとりとした秋の空気が太陽で熱され、心地よい風になって吹いてくる。遠くの方まで続く菜園では夏野菜の収穫が終わり、青々とした葉がそよそよと風に合わせて揺れていた。

高層ビルはもとより、居酒屋や学校などもない。遠くの方にポツポツと民家が見えるだけの穏やかな田園風景だ。

車を運転していた伊庭《いば》は少しスピードを落とし、窓を開けて外の空気を入れた。

「気持ちいいな。来て正解だ」

「ほらほらほらほらぁ！　だーかーらー俺は言ったでしょ！　絶対来るべきだって！」

「阿内《あない》、うるせえ」

少しつり目で明るい髪色をした友人が助手席で騒ぐ。

伊庭は顔をしかめ、ドリンクホルダーに置いてあったペットボトルを投げつけた。ボトルは阿内の頭に当たり、助手席側の窓の外に飛んでいく。

「あっ、くそ、もったいね」

「ちょっと二人とも」

後部座席から困ったような声がかかった。

大きな目をした小柄な友人、人見《ひとみ》がオロオロしながら車内と車外を交互に見ている。

「ゴミ捨てちゃダメだよ。早く拾いに……」

「ゴミじゃないって。中身がちゃんと入ってたのに、阿内のアホが」

「なんで俺ェ!? 人のせいにすんの、やめてもらってい～ですか～っ」

「ほんとうるせえ」

飛んでいってしまったペットボトルの代わりに拳を繰り出すと、阿内も負けじと応戦してくる。

人通りはなく、車のスピードもゆっくりだが、さすがに少しふざけすぎかもしれない。

伊庭はまだ心配そうに背後を見ている人見をルームミラーごしに確認し、なだめるように軽く手を振った。

「一本くらい平気だって。誰かに怒られたら俺が謝るから」

とはいえ青々と広がる菜園にはこの日、農作業中の人もいなかった。狭い道路を走る車もないし、道の脇を歩いている人もいない。

観光名所ではなく、温泉も特産品もないへんぴな土地だ。昔からの住人以外、訪れる者もいないのだろう。

(これなら怒られるなんてことないな)

密《ひそ》かに笑い、伊庭はペットボトルのことを頭の隅に追いやった。

そもそも今の自分たちには大事な目的がある。些細《ささい》な件にこだわっている暇はないのだ。

——プーン。

その時、カーナビが軽快な音を鳴らした。

『この先、二百メートル右折です』

伊庭はちらりとカーナビを見た。画面には確かに右折する曲がり角があったが、目的地は目の前の道をまっすぐ進んだところにある。

「この先、直進しまぁす!」

「イケイケェ!」

笑いながら曲がり角を通り過ぎた伊庭に、助手席の阿内がはしゃいで拳を突き上げた。

＊　＊　＊

そもそも、今回の日帰り旅行を提案してきたのはこの阿内だった。

「やべーオカルト、仕入れたんだよ。カーナビが滅多に出さない指示を出す場所があるんだって！」

一週間ほど前、文化人類学の講義が始まるのを待っていた伊庭と人見のもとに、阿内が駆け寄ってきた。二人の前の席を確保すると、彼は思わせぶりに声を潜める。

「昨日、バイト先で聞いたんだ。面白そうじゃね？」

「滅多に出さない指示って何だよ」

朝からテンションの高い友人に伊庭は苦笑した。

知り合ってから二年半ほど経《た》つが、阿内の賑《にぎ》やかさは一向に変わらない。都内の某大学に入学した当時、最初に声をかけてきたのも阿内だったし、一人でぽつんと講義を受けていた人見に声をかけたのも彼だった。

タイプの違う自分たちが仲良くなるきっかけを作ったのも、こうして新しい話題をもたらすのも決まって彼だ。そのおかげで伊庭も退屈しない大学生活が送れている。

（オカルトねえ……）

暇な大学生の例に漏れず、伊庭もその手の話は結構好きだ。この二年半の間に阿内の誘いに乗り、肝試しや有名なオカルトスポットを巡ったことは数知れない。あいにく不思議な日には一度もあわなかったが。

今回はどんなネタなのか、伊庭は興味をそそられた。

「カーナビが『バックしてください』って言う場所だよ。怖くね？」

「……は？」

だが、期待した伊庭は阿内の台詞《せりふ》にいささか拍子抜けした。冗談を言っているのかと思ったが、どうもそうではないらしい。

「バックしてください？……言うだろ、普通に」

「あ？　伊庭、聞いたことあんの」

「いや、ねーけど」

改めてそう言われると首を振るしかないが、その言葉自体はおかしなものでもないだろう。カーナビが突然「呪います」や「死ね」と言い出したら大事件だが、後退を促すのはよくあることではないだろうか。

「これ、異常なことなんだってば。人見は聞いたことある？」

「僕もない。……というかそれ、やめておいたほうがいいやつだよね」

怯《おび》えたように人見が表情を曇らせた。その反応に伊庭は片眉を上げた。……慎重な人見がこういう反応をするのは、たいていおどろおどろしいニュアンスがある時だ。

「やめておいたほうがいいってなんだよ」

「直進したほうが早く目的地に着くのに、『右折してください』とか、『この先、百メートル左折です』とかカーナビが言い出すことがあるんだって。それでも指示を無視してると、最後には『バックしてください』って言うらしいんだけど……」

「その道の先が行き止まりで、もう進めない……ってわけじゃなくて？」

「うん、目の前にはまっすぐ道が延びてるのに、そんな指示が出るって噂《うわさ》」

人見が青ざめ、身を震わせた。

自分の聞いた話も同じだったのか、阿内がパチンと指を鳴らす。

「それよ！　つまり、何が何でもその先に行くなってことだろ？　カーナビにあらかじめ『通っちゃいけない道』が登録されててさ。そこを避けて目的地へのルートを指示してるとしか思えなくね？」

「なるほどねえ」

正直、話を聞くだけではさほど恐ろしいとは思わなかった。今まで阿内が仕入れてきた「夜になると生首が飛び回る墓地」だの、「〇時×分に異形が現れる廃屋」だの、聞くだけでゾッとするようなオカルト話に比べたら、地味すぎると言ってもいい。

（でも）

この日の阿内はそれらの話を仕入れてきた時と同じくらい興奮していた。つまり彼の中では、今回の話も「とっておき」なのだろう。

「じゃあ行ってみるか」

軽いノリで伊庭は言った。

「そこ、遠いのか？　日帰りできる距離なら、車出すけど」

「やった！　郊外だけど、車があれば全然行ける」

阿内は目を輝かせ、人見はますます青ざめた。それでも友人二人が乗り気になったとき、彼が誘いを断ることはない。

渋々うなずく人見の背中を叩《たた》いて元気づけ、伊庭たちは翌週の休日に現地に向かうことにしたのだった。

そして当日、

「なんか……さっきまでと雰囲気が違うな」

バサッとフロントガラスにぶつかってきた枝に舌打ちしつつ、伊庭は慎重にハンドルを操作した。

つい先ほどまで、自分たちは気持ちのいい秋晴れの田園風景を車で走っていたはずだ。

目的地は阿内が調べていたので行き先をカーナビに登録し、その指示に従ってハンドルを切る。

それがどうだ。

いつしか車は奇妙な村の中を走っていた。

舗装もされていない狭いでこぼこ道が続く中、痩せた街路樹が枝を垂れている。ぽつりぽつりと民家が建っているものの、どの家もドアは固く閉ざされ、窓は曇っていて中の様子はさっぱり見えない。

通行人は一人もおらず、通りに時々落ちているサンダルや汚れた空き瓶がかろうじて、生活感を醸《かも》し出しているのみだ。

家の周りを囲む塀には剝がれかけたポスターが貼られているが、それがどうにも違和感を誘う。

妙にレトロというか、古くさいのだ。

髪を結い上げた着物姿の女性が缶を持って笑っているイラストや、いつ上映したのかもわからないほど古い映画のポスター。

そんなものがベタベタと塀に貼られている。

(目的地は……まだまっすぐか)

ちらりとカーナビに目を向ける。

機種が旧式ということもあり、画像はただの平面だ。目印になるような建物は一つもなく、ただ細い道だけが血管のように幾筋も延びている。

　進路を示す矢印は何度も細い小道を指し示したが、伊庭はそれらを全て無視した。

（この先って何があるんだろうな）

　今更のように疑問がふと脳裏をよぎる。カーナビの噂を仕入れてきた阿内もそこまでは知らないようだった。

　……おかしな話だ。カーナビだけを頼りに、どこに着くのかもわからない道をこうして進んでいるなんて。

「…………」

　さっきまで賑やかだった車内はいつしか静まりかえっていた。

　伊庭は無意識に強くハンドルを握り、身体《からだ》をこわばらせていた。周囲の景色を眺める余裕もなく、慎重に視線を周囲に飛ばす。

　なぜか無性に緊張していた。

　手に汗をかいているのか、ハンドルを握る手がべたつく。

　先ほどまでは全然気にならなかったのに、喉の奥で唾液が粘ついた。

　咳《せき》が出そうだ。だが音を出すのがためらわれる。呼吸すら「何か」に聞かれたら悪いことが起きそうで……。

「阿内、お茶くれ」

「うっお、びびったあ！」

嫌な感覚を振り払うように、あえて明るく伊庭が言った瞬間、阿内が飛び上がって悲鳴を上げた。話しかけた伊庭までびくりと身をすくめたが、すぐにそのコミカルさに笑いがこみ上げる。

「ははは、おま、何だよ！」

それを機に、ふっと車内の緊張が解けた。

「びびってんじゃねーよ！　ザコか、お前！」

がつ、と軽く阿内の座席の背もたれを殴る。すぐに阿内も応戦してきた。

「いやいや、伊庭ちゃん、ねーわ。急に話しかけんなや。今、口から心臓出たわ！」

「戻せ戻せ。ノミ並みの心臓、早く戻しとけ」

「うっせ、五分の魂舐《な》めんな。どうせなら育毛してから戻すわ。ふさふさにしてから戻すわ」

「おー、ガンバレ、どうせなら鋼製にしちまえ。……人見はどうだ？　新しいお茶、まだあるぞ」

伊庭はルームミラーに目をやり、後部座席を見た。

人見は車に酔ったのか、青い顔でうつむいている。

「平気か？　この辺、道悪いんだよな。酔ったら休憩するから、遠慮なく言えよ」

「伊庭の運転が下手なんだよなー。運転手サン、もっと安全運転頼むわ〜」

「うるせー客は蹴り出すぞ」

「いやん」

がつっと片足を伸ばして軽く蹴ると、心得たように阿内も軽く応じてくる。

いつものやりとりが戻ってきて、伊庭は密かにホッとした。

——プーン。

カーナビが軽快な音を鳴らす。

『この先、三百メートル左折です』

車を走らせていくと、確かに左折できる路地が見えてくる。

「………」

少し迷ったが、伊庭は曲がらず、直進した。

ドクン、と心臓が嫌な音を立てる。それを自覚するのが嫌で、伊庭はあえて乾いた声で笑った。

「そろそろか〜? つか地図的には、このまま直進したら公道に出るんだけどよ」

「なんだよ、拍子抜け〜」

阿内は笑ったが、どこかホッとしたような気配が伝わった。

(いや、何をびびってんだ、俺ら)

こんな場所、ちょっと人気《ひとけ》がないだけの廃村ではないか。

人が住んでいないから少し不気味に見えるだけで、ある意味こういう場所は当時の生活を知るための、貴重な資料になるのではないだろうか。

誰も知らないような大昔の話ではなく、「今」に続く時代の名残がこの廃村には残っている。

今では誰もが持っているものが当時は高級品だったり、今では誰もしないことが当時は当たり前のように行われていたり。

朽ちかけた家の軒先からサンダル、ポスターの一枚に至るまで、文化人類学の教授に見せたら、目を輝かせるかもしれない。

「阿内、写真撮っとくか？　教授に見せたら試験の時、加点してくれるかも」

「おー、確かに。それいいな」

明るく笑ったものの、阿内はスマホを取りだそうとはしなかった。緊張し、目だけが落ち着きなく、窓の外をキョロキョロと見回している。

まるで窓から目を離した瞬間、得体の知れない化け物に襲われるとでも思っているような……。

それに気づいたが、伊庭は阿内をからかう気にはなれなかった。自分も彼と似たようなものだ。

――プーン。

『この先、二百メートル右折です』

再びカーナビから指示が出た。

伊庭はぐっとハンドルを握りしめた。

正直、気持ちの上ではもう、その指示に従いたくてたまらなかった。

指示を無視したのは意地になったからではなく、祈りにも似た心理に近い。

……別に何も起きないはず。まっすぐ進んでも、何一つ危険はないはず。このまま進んで、進んで、最後は公道に出て終わるはず。

そんなことを無意識に、自分自身に言い聞かせていた。

この先に進んでもきっと、おかしなことは何も起きない。自分たちはちょっと変わった体験をしただけで、このまま何事もなく帰途につく。

明日になったらまた三人そろって大学に集まり、「何も起きなかったなー」「まあ日帰り旅行は楽しかったよ」などと雑談を交わしながら、また別の暇つぶしに精を出すのだ。

(そうだ)

それだけだ。

――プーン。

『この先、二百メートル左折です』

――プーン。

『この先、三百メートル右折です』

目的地はまっすぐ先を指しているが、カーナビは何度も何度も迂回ルートを指示してくる。

……そうして、もう何度目かもわからない指示を無視した時のことだった。

『バックしてください』

突然、カーナビの指示が変わった。

「………………」

三人とも、何も言わなかった。

ぐっと重い沈黙が車内を満たす。

『バックしてください』

それでも直進していると、再びカーナビが指示を出した。淡々とした合成音声だというのに、どこか切実さを帯びているように感じられる。

そこでようやく伊庭は気がついた。

（道が）

一本道だ。

今までは左右に細い道が延びていたが、いつの間にかそれがなくなっている。でこぼこした道の両側は土手のようになっており、後退か前進しか選べない。

民家は消え、両脇の土手沿いに、奇妙なものがポツポツと立ち始めた。

盛り土の上に立てた杭《くい》だ。太い杭の上部には細い木片がくくりつけられ、ちょうどそれが十字架のように見える。

だからだろうか。無意味に思えるその杭が、どこか呪術的なまがまがしさを帯びているように見える。

（なんだ、これ）

一体何なんだこれ。

この先には何があるんだ。

自分たちはどこに行こうとしているんだ。

『バックしてください、バックしてください、バックしてください、バックしてくだささい、バックしてくださいバックしてくださいバックしてくださいバックしてくださいバックしてくださいバックしてくださいバックしてくださいバックしてください』

カーナビはもうそれしか言わなくなっていた。一メートル進むごとに、延々と退却を促してくる。

「……っ」

頼むから終わってくれ。カーナビの指示も、この直線の道も。

今すぐ、何かが起きてくれ。このままではおかしくなりそうだ。

（頼む、から……！）

「あ」

伊庭が必死で祈り続けていた時だった。間の抜けたような声が真後ろから聞こえた。

人見だ。

何かに気づいたように、後部座席にいた人見が声を放った。

「ひと」

——ひとが、いるよ。

それが彼が発した、最後の言葉になった。

「……は？　なにそれ」

某大学の食堂で、数人の学生が素っ頓狂な声を上げた。

会話の中心にいた男子学生が慌てて口元に人差し指を立て、大げさに反応した友人をいさめる。

彼は我に返ったようにうなずいたものの、興味は消しきれなかったようで身を乗り出した。

「神隠し？　それ、伊庭たちが言ったのかよ」

「いや、あいつら、しばらく大学来てねえじゃん。俺の兄貴がジャーナリストなんだよ。ゴシップ雑誌の、だけど」

「どういうこと」

「郊外に『神隠しにあう村』があるんだってさ。実際、何人かでそこに行くと、帰りには一人消えてるらしい。そういうことがもう何十年も続いてて、都市伝説みたいになってるんだって。兄貴はそれを調べてて、伊庭たちの話を聞いて、事情を聞きに行ったんだって」

「え、じゃあ人見が消えたのって、まさか……」

「まあ確証はないけどさ。あいつら、仲良かったし、旅行先で伊庭と阿内が共謀して人見を殺した……なんて考えにくいだろ。俺はマジで神隠しかもって思うね」

学生たちの話題はこの一ヶ月、突然大学に来なくなった三人の学友についてのものだった。

いつも三人でつるんでいた連中がどこかへ日帰り旅行に行き、何かがあり、一人消えた状態で帰ってきた。

二人ともひどく錯乱しており、まともに話もできなかったという。

『人見が神隠しにあった。全然抜けられない道に迷い込んで、やっと抜け出せたと思ったら、後部座席からあいつが消えていたんだ』

ジャーナリストの取材に対し、二人は言葉少なにそれだけ話したという。

とはいえ彼らは、行方不明の息子を捜す人見の両親や警察に対して「三人そろって旅行から帰ってきた。別れた後のことは知らない」の一点張りで通したそうだが。

伊庭と阿内はよほどショックだったのか、それ以来大学には来ていない。噂では二人とも何かに怯えており、ろくに喋《しゃべ》ることも眠ることも、何かを食べることもできないまま家に引きこもっているそうだ。

「結局何もわからないのかよ。つまんね」

学生たちは興味を失ったようにため息をつき、肩をすくめる。

ちょうど文化人類学の教授が講堂に入ってきたこともあり、彼らはのろのろとノートを広げ、教壇に向き直った。

真面目に何かを学ぼうとする学生以外、大学生活というのは暇なものだ。それこそ刺激を求めて、オカルトじみた噂話に飛びつくくらい。

「……？」

あくび半分で講義を聴いていた一人がその時、メッセージアプリの通知に気づいた。

見れば隣にいる友人がにやりと笑いながら、スマホの画面を指さしている。

講義中なので私語は慎んだようだが、だからといって真面目に講義を受けるつもりもないようだ。

『カーナビがめったに出さない指示を出す場所がある……って知ってるか？』

何のことだかわからない。それでも彼は興味を引かれ、友人に返信した。

『何それ。詳しく』

＊　＊　＊

……いかがだったでしょうか。

知人の話はこれで終わりです。

彼は僕にも、詳しいことは何も話してくれませんでした。

酒の席で「学生時代に友人が神隠しにあったことがある」と話し出したのですが、他の友人が「ハヤトモはそういうの、視《み》えるんだぜ」と言った途端、そそくさと逃げるように他の席に移動してしまいました。

それ以来、彼は僕のことを避けるようになりました。むろん僕は相談されても解決できるような力はないのですが、少し不思議に思うんです。

自分の大切な友人が神隠しにあって消えてしまったとしたら……そしてその後、霊感がある人物に会ったとしたら……皆さんだったらどうするでしょうか。

アレは何だったのか。友人はどうなってしまったのか。戻ってくる可能性はあるのか。助ける方法はないのか……。

普通、そういうことを聞きたくなるものではないでしょうか？

でも彼は僕を避けるようになりました。僕にはなんとなくそれが、真相を暴かれるのを恐れているように見えたんです。

もしかしたら彼らは旅行中に友人と仲違《なかたが》いし、うっかり友人の命を奪ってしまったのかもしれません。それを知られたくなくて、神隠しだ、などと嘘《うそ》をついたのかも。

でもその場合、罪を隠し通すのはとても難しいとも思うんです。よほど周到に計画を練らない限り、証拠を何も残さず、完全犯罪を企てるのは至難の業でしょう。

そんな僕に、文化人類学に詳しい先輩がこんな話をしてくれました。

この国は先進国の中で、かなり近代まで食人の習俗が地方に残っていたようです。昭和の半ばまで人間の内臓が万病に効くという伝承が各地に残っており、土葬されていた墓が荒らされ、政府が手を焼いていた、なんて記事もあるくらいです。

――ゆえに、もしかするとその習俗が今もまだ残っている村があるのかもしれません。

その村の場所はある程度特定されていて、そこを通らざるを得なくなった場合のみ、カーナビが「バックしてください」と警告する仕組みになっているのかも。

……知人たちは好奇心に負けて、その村に足を踏み入れてしまった。そして村の住人に囲まれ、「一人置いていかないと先へは進ませない」などと言われたのだとしたら、どうでしょう?

誰か一人と言われた時、もしかしたら彼らは自分たちの中で一番「弱い」個体を差し出すことに決めたのかもしれません。弱々しくて、自己主張をせず、従順で扱いやすい存在を。

ずっと友人として仲良くやっていたのに、究極の選択を迫られた時、彼らは弱肉強食の世界で生きる「獣」になったのかも。

だから彼らは友人が消えても騒がず、警察に届けも出さなかった。それでいてオカルト的な「不思議な出来事」として納得することもできず、罪の意識を抱き続けている、としたら……。

答えのない話ではありますが、これが僕の推測です。

もしかすると日本にはまだいくつか、絶対に立ち寄ってはいけない村が残っているのかもしれません。それらに対し、先人たちが残した警告のメッセージ……カーナビの指示には、きちんと従ったほうが安全かもしれませんね。

あとがき

いかがでしたか？

個人的には……怖かったですねぇ（笑）。

自分の体験なのに、あらためて振り返ってみるとこんなに怖い体験をしていたのかとびっくりしてしまいました。

まえがきでも書いた通り、僕は怪談師としても時折メディアに出演しておりました。

実は〝怪談話で伝えることのできる内容には限界がある〟と書いたのにはもう一つ理由があります。

怪談を披露する際『〇〇のようなお話を』『〇分以内にお願いします』と必ず伝えられるのです。放送尺や内容の太軸が存在する以上それに沿ったものしか必要がないのは当たり前のことで、僕もなんとかそのパッケージに収まるよう試行錯誤しながら自分の怪談を短くしていきました。

そうなんです、僕は自分の体験をより短く、より聞きやすくまとまるサイズに変える作業しかしたことがなかったのです。そのため僕の怪談は他の怪談師の方のものと比べても明らかに短いものが多かったんですよね。だからこそ今回、このような機会に巡り会えたことがとても嬉《うれ》しかったんです。自分の怪談を作品として纏《まと》めてもらえることの喜びが凄《すご》く強かったんです。

怪談って、なんだか淡泊じゃないですか。〝こんなことがあったんですよ〟で終わってしまうことが多くて、単調に感じてしまうことが殆《ほとん》どで、まぁそこが良さでもあるんですけどね。ですが文字に起こすと情緒が増すんですよね。そもそもの〝聞く〟と〝読む〟の良さにそれぞれが合わせてくれるので、同じ作品でも全く違う〝良さ〟が自《おの》ずと現れ始めるんです。

これ、個人的にとっても興奮したポイントなんですよ。だって、自分がまた怖い体験をし、それを語れば、こんなに素敵な作品にまで昇華することがあるのかと考えると、霊が見えるのも悪くないかなって！

これからもあなたのトナリで怪奇な体験をし、それを語り続けていきたいと思います。

あなたのすぐトナリで。

本書は、「ｗｅｂ集英社文庫」二〇二〇年一〇月〜二〇二一年九月に
配信されたものを加筆・修正したオリジナル文庫です。

構成／樹島千草

集英社文庫　目録（日本文学）

佐藤真海　ラッキーガール
佐藤真由美　恋する短歌 22 short love stories
佐藤真由美　恋する歌音《カノン》 こころに効く恋愛短歌50
佐藤真由美　恋する四字熟語
佐藤真由美　恋する世界文学
佐藤真由美　恋する言《コト》ノ葉《ハ》 元気な明日に、恋愛短歌。
佐藤満春　トイレの輪 ～トイレの話、聞かせてください～
佐野眞一　沖縄 だれにも書かれたくなかった戦後史(上)(下)
佐野眞一　沖縄戦いまだ終わらず
佐野藤右衛門
小田豊二　櫻よ 「花見の作法」から「木のこころ」まで
沢木耕太郎　天涯1 鳥は舞い 光は流れ
沢木耕太郎　天涯2 水は囁き 月は眠る
沢木耕太郎　天涯3 花は揺れ 闇は輝き
沢木耕太郎　天涯4 砂は誘い 塔は叫ぶ
沢木耕太郎　天涯5 風は踊り 星は燃え
沢木耕太郎　天涯6 雲は急ぎ 船は漂う
沢木耕太郎　オリンピア ナチスの森で
澤田瞳子　泣くな道真 大宰府の詩
澤田瞳子　腐れ梅
澤宮優　炭鉱町に咲いた原貢野球 三池工業高校・甲子園優勝までの軌跡
澤宮優　スッポンの河さん 伝説のスカウト河西俊雄
澤宮優　バッティングピッチャー 背番号三桁のエースたち
澤宮優　昭和十八年 幻の箱根駅伝 ゴールは靖国、そして戦地へ
沢村基　たとえ君の手をはなしても
サンダース・宮松敬子　カナダ生き生き老い暮らし
三宮麻由子　鳥が教えてくれた空
三宮麻由子　そっと耳を澄ませば
三宮麻由子　ロング・ドリーム 願いは叶う
三宮麻由子　世界でただ一つの読書
三宮麻由子　四季を詠む 365日の体感
シークエンスはやとも　トナリの怪談
椎名篤子・編　凍りついた瞳《め》が見つめるもの
椎名篤子　親になるほど難しいことはない
椎名篤子　新 凍りついた瞳《め》 「子ども虐待」のない未来への挑戦
椎名篤子　「愛されたい」を拒絶される子どもたち 虐待ケアへの挑戦
椎名誠　地球どこでも不思議旅
椎名誠・選　素敵な活字中毒者
椎名誠　インドでわしも考えた
椎名誠　全日本食えばわかる図鑑
椎名誠　岳物語
椎名誠　続 岳物語
椎名誠　菜の花物語
椎名誠　シベリア追跡
椎名誠　零下59度の旅
椎名誠　ハーケンと夏みかん
椎名誠　さよなら、海の女たち
椎名誠　白い手
椎名誠　パタゴニア

集英社文庫　目録（日本文学）

集英社文庫　目録（日本文学）

篠田節子　インコは戻ってきたか
篠田節子　百年の恋
篠田節子　聖域
篠田節子　コミュニティ
篠田節子　アクアリウム
篠田節子　家《や》鳴《な》り
篠田節子　廃院のミカエル
篠田節子　弥勒
篠田節子　鏡の背面
司馬遼太郎　歴史と小説
司馬遼太郎　手掘り日本史
柴田錬三郎　柴錬水滸伝 われら梁山泊の好漢(一)・(二)・(三)
柴田錬三郎　英雄三国志一 義軍立つ
柴田錬三郎　英雄三国志二 覇者の命運
柴田錬三郎　英雄三国志三 三国鼎立
柴田錬三郎　英雄三国志四 出師の表

柴田錬三郎　英雄三国志五 攻防五丈原
柴田錬三郎　英雄三国志六 夢の終焉
柴田錬三郎　われら九人の戦鬼(上)(下)
柴田錬三郎　新篇 眠狂四郎京洛勝負帖
柴田錬三郎　新編 剣豪小説集梅一枝
柴田錬三郎　徳川三国志
柴田錬三郎　新編 武将小説集 男たちの戦国
柴田錬三郎　柴錬の「大江戸」時代小説短編集 花は桜木
柴田錬三郎　チャンスは三度ある
柴田錬三郎　眠狂四郎異端状
柴田錬三郎　貧乏同心御用帳
柴田錬三郎　御家人斬九郎
柴田錬三郎　真田十勇士(一) 運命の星が生れた
柴田錬三郎　真田十勇士(二) 烈風は凶雲を呼んだ
柴田錬三郎　真田十勇士(三) ああ！輝け真田六連銭
柴田錬三郎　眠狂四郎孤剣五十三次(上)(下)

柴田錬三郎　眠狂四郎独歩行(上)(下)
柴田錬三郎　眠狂四郎殺法帖(上)(下)
柴田錬三郎　眠狂四郎虚無日誌(上)(下)
柴田錬三郎　眠狂四郎無情控(上)(下)
地曳いく子　50歳、おしゃれ元年。
地曳いく子 槇村さとる　ババア上等！ 大人のおしゃれDO! & DON'T!
地曳いく子　若見えの呪い
地曳いく子 槇村さとる　ババアはツラいよ！ 55歳からの「人生エベレスト期」サバイバルBOOK
島尾敏雄　島の果て
島崎今日子　安井かずみがいた時代
島崎藤村　初恋―島崎藤村詩集
島田明宏　ダービーパラドックス
島田明宏　キリングファーム
島田明宏　ジョッキーズ・ハイ
島田明宏　絆 走れ奇跡の子馬
島田明宏　ノン・サラブレッド